Gerechter Frieden

Reihe herausgegeben von
Ines-Jacqueline Werkner, Heidelberg, Deutschland
Sarah Jäger, Heidelberg, Deutschland

„Si vis pacem para pacem" (Wenn du den Frieden willst, bereite den Frieden vor.) – unter dieser Maxime steht das Leitbild des gerechten Friedens, das in Deutschland, aber auch in großen Teilen der ökumenischen Bewegung weltweit als friedensethischer Konsens gelten kann. Damit verbunden ist ein Perspektivenwechsel: Nicht mehr der Krieg, sondern der Frieden steht im Fokus des neuen Konzeptes. Dennoch bleibt die Frage nach der Anwendung von Waffengewalt auch für den gerechten Frieden virulent, gilt diese nach wie vor als Ultima Ratio. Das Paradigma des gerechten Friedens einschließlich der rechtserhaltenden Gewalt steht auch im Mittelpunkt der Friedensdenkschrift der Evangelischen Kirche in Deutschland (EKD) von 2007. Seitdem hat sich die politische Weltlage erheblich verändert; es stellen sich neue friedens- und sicherheitspolitische Anforderungen. Zudem fordern qualitativ neuartige Entwicklungen wie autonome Waffensysteme im Bereich der Rüstung oder auch der Cyberwar als eine neue Form der Kriegsführung die Friedensethik heraus. Damit ergibt sich die Notwendigkeit, Analysen fortzuführen, sie um neue Problemlagen zu erweitern sowie Konkretionen vorzunehmen. Im Rahmen eines dreijährigen Konsultationsprozesses, der vom Rat der EKD und der Evangelischen Friedensarbeit unterstützt und von der Evangelischen Seelsorge in der Bundeswehr gefördert wird, stellen sich vier interdisziplinär zusammengesetzte Arbeitsgruppen dieser Aufgabe. Die Reihe präsentiert die Ergebnisse dieses Prozesses. Sie behandelt Grundsatzfragen (I), Fragen zur Gewalt (II), Frieden und Recht (III) sowie politisch-ethische Herausforderungen (IV).

Weitere Bände in der Reihe http://www.springer.com/series/15668

Sarah Jäger · Stefan Oeter
(Hrsg.)

Menschenrechte und humanitäres Völkerrecht – eine Verhältnisbestimmung

Frieden und Recht · Band 4

Hrsg.
Sarah Jäger
Heidelberg, Deutschland

Stefan Oeter
Hamburg, Deutschland

ISSN 2662-2726 ISSN 2662-2734 (electronic)
Gerechter Frieden
ISBN 978-3-658-26597-7 ISBN 978-3-658-26598-4 (eBook)
https://doi.org/10.1007/978-3-658-26598-4

Die Deutsche Nationalbibliothek verzeichnet diese Publikation in der Deutschen Nationalbibliografie; detaillierte bibliografische Daten sind im Internet über http://dnb.d-nb.de abrufbar.

Springer VS
© Springer Fachmedien Wiesbaden GmbH, ein Teil von Springer Nature 2019
Das Werk einschließlich aller seiner Teile ist urheberrechtlich geschützt. Jede Verwertung, die nicht ausdrücklich vom Urheberrechtsgesetz zugelassen ist, bedarf der vorherigen Zustimmung des Verlags. Das gilt insbesondere für Vervielfältigungen, Bearbeitungen, Übersetzungen, Mikroverfilmungen und die Einspeicherung und Verarbeitung in elektronischen Systemen.
Die Wiedergabe von allgemein beschreibenden Bezeichnungen, Marken, Unternehmensnamen etc. in diesem Werk bedeutet nicht, dass diese frei durch jedermann benutzt werden dürfen. Die Berechtigung zur Benutzung unterliegt, auch ohne gesonderten Hinweis hierzu, den Regeln des Markenrechts. Die Rechte des jeweiligen Zeicheninhabers sind zu beachten.
Der Verlag, die Autoren und die Herausgeber gehen davon aus, dass die Angaben und Informationen in diesem Werk zum Zeitpunkt der Veröffentlichung vollständig und korrekt sind. Weder der Verlag, noch die Autoren oder die Herausgeber übernehmen, ausdrücklich oder implizit, Gewähr für den Inhalt des Werkes, etwaige Fehler oder Äußerungen. Der Verlag bleibt im Hinblick auf geografische Zuordnungen und Gebietsbezeichnungen in veröffentlichten Karten und Institutionsadressen neutral.

Springer VS ist ein Imprint der eingetragenen Gesellschaft Springer Fachmedien Wiesbaden GmbH und ist ein Teil von Springer Nature
Die Anschrift der Gesellschaft ist: Abraham-Lincoln-Str. 46, 65189 Wiesbaden, Germany

Inhalt

Menschenrechte und humanitäres Völkerrecht -
Einführende Überlegungen 1
Sarah Jäger

Gedanken zum Verhältnis von Menschenrechten
und humanitärem Völkerrecht 13
Martina Haedrich

Menschenrechte und humanitäres Völkerrecht.
Harmonisierung, Überlagerung, Spannungslinien? 39
Wolfgang S. Heinz

Menschenrechte – universal geltend? 71
Georg Lohmann

Unvermischt und ungetrennt. Überlegungen zur
notwendigen Einheit von rechtlicher, politischer und
ethisch-moralischer Dimension der Menschenrechte 103
Daniel Bogner

Humanitäres Völkerrecht und Menschenrechte:
Synthese und Ausblick 137
Stefan Oeter

Autorinnen und Autoren 155
Autorinnen und Autoren

Menschenrechte und humanitäres Völkerrecht
Einführende Überlegungen

Sarah Jäger

1 Einleitung

„Im Jahr 1945 hatte die Tragödie zweier Weltkriege die Unzulänglichkeiten des internationalen Systems deutlich vor Augen geführt. Wollte man einen dritten – wahrscheinlich noch katastrophaleren – Krieg vermeiden, musste man aus den Fehlern der Vergangenheit lernen" (Janssen 2008, S. 9).

Als eine der Reaktionen auf diese Erfahrungen wurden die Vereinten Nationen gegründet, die vorrangig der Sicherung des internationalen Friedens dienen. Die Autoren der Charta der Vereinten Nationen stellten in ihren Überlegungen das Problem zwischenstaatlicher Aggressionen in den Mittelpunkt. Für die Vereinten Nationen spielte zunächst die Frage des Weltfriedens eine entscheidende Rolle. Bald gewannen auch die Menschenrechte an Bedeutung. Der Theologe Daniel Bogner (2017, S. 677) verbindet damit die Frage, ob die Menschenrechte überhaupt ein Instrument zur Förderung und Herstellung des Friedens sein könnten. Es ist also der Zusammenhang von Frieden und Recht, der so in den Vordergrund tritt. Frieden kann als Vision und Ziel

© Springer Fachmedien Wiesbaden GmbH, ein Teil von Springer Nature 2019
S. Jäger und S. Oeter (Hrsg.), *Menschenrechte und humanitäres Völkerrecht – eine Verhältnisbestimmung*, Gerechter Frieden,
https://doi.org/10.1007/978-3-658-26598-4_1

menschlichen Handelns verstanden werden, während Recht einen Weg zur Erreichung dessen markiert (vgl. Bogner 2017, S. 678). Besonders deutlich wird dies in jenen Feldern, die Visionen eines guten Lebens in sich tragen, wie das im humanitären Völkerrecht oder bei den Menschenrechten der Fall ist.

Die Vereinten Nationen waren in ihrer Gründung vor allem den Idealen von Kooperation, Ausgleich und der Anerkennung der legitimen Rechte aller beteiligten Staaten verbunden.

> „‚Weltfriede' und ‚Menschenrechte' waren – zunächst – die idealistische Metapher und zunehmend die in Rechts- und Satzungsform gegossenen Normen, welche vom humanistisch-hoffnungsfrohen Gründungsimpuls der ‚Vereinten Nationen' zeugen" (Bogner 2017, S. 685).

Bis zur Gründung der Vereinten Nationen und dem in ihrer Charta enthaltenen allgemeinen Gewaltverbot (Art. 2, Nr. 4), der 1948 angenommenen Allgemeinen Erklärung der Menschenrechte (AEMR) sowie der Verabschiedung der regionalen Menschenrechtskataloge in den Vereinigten Staaten (1948) und Westeuropa (1950) wurde eine weitgehend strikte Aufteilung in Friedensvölkerrecht und humanitäres Völkerrecht vorgenommen (vgl. Schäfer 2006, S. 12). Dabei ist festzuhalten, dass sich das internationale Menschenrechtssystem erst nach dem Zweiten Weltkrieg und anfangs weitgehend unabhängig vom humanitären Völkerrecht entwickelt hat. Im Folgenden gilt es daher, die beiden unterschiedlichen Rechtsgebiete der Menschenrechte und des humanitären Völkerrechts näher zu bestimmen und ihr Verhältnis auszuloten.

2 Die Menschenrechte

Menschenrechte lassen sich umfassend verstehen:

> „Sie sind erkämpfte Rechte, denen noch die Spuren der Gewalt, der Unterdrückung und der Ungerechtigkeit anhaften, zu deren Abwehr sie geschaffen worden sind; auch weisen sie auf die Verletzbarkeiten und Abhängigkeiten hin, zu deren Schutz sie erdacht und gefordert wurden, und bringen die Not und Hilfsbedürftigkeit der Menschen zur Sprache, für die sie Unterstützung und Hilfe einklagen. Die Menschenrechte wenden sich so gegen erlittene Unfreiheiten, Grausamkeiten, Missachtungen und Demütigungen, und sie fordern Respekt, Schutz und Unterstützung für ein menschliches Leben in Würde" (Pollmann und Lohmann 2012, S. IX).

Menschenrechte lassen sich also nie losgelöst von ihrer Entstehungsgeschichte begreifen. Nach dem Zweiten Weltkrieg wurde die Überzeugung, dass alle Menschen allein aufgrund ihres Menschseins mit gleichen Rechten ausgestattet und dass diese egalitär begründeten Rechte universell, unveräußerlich und unteilbar sind, erstmals auf internationaler Ebene proklamiert und damit weltpolitisch relevant. In dreißig Artikeln hielt die „Allgemeine Erklärung der Menschenrechte" Subsistenzrechte (auf Leben oder Gesundheit), Freiheitsrechte (auf Freiheit und Sicherheit der Person oder Schutz des Privatlebens), politische Rechte (auf Zugehörigkeit oder politische Mitwirkung), Justizrechte (auf Anerkennung oder faires Verfahren), wirtschaftliche Rechte (auf Arbeit oder Schutz des materiellen und geistigen Eigentums), soziale Rechte (auf soziale Sicherheit oder Schutz von Ehe und Familie) und kulturelle Rechte (auf Minderheitenschutz oder Bildung) fest. Davon unterscheiden lassen sich noch sogenannte Menschenrechte der „dritten Generation", die als kollektive Rechte der Völker verstanden werden, etwa das Recht auf Entwicklung, auf gesunde oder sichere Umwelt, auf Selbstbestimmung oder auf Frieden (vgl. Kämpf 2012). Menschenrechte haben ihre Wurzeln im nationalen Kontext und verweisen so deutlich auf ihren westlichen Entstehungszusammenhang, dieser Bezug auf Nationalstaaten ist dabei nicht unproblematisch, stellen sich hier doch auch Fragen nach dem Zusammenhang von Recht und Gerechtigkeit. Diese Kritik wird vor allem aus einer antikolonialen Perspektive formuliert (Frantz Fanon, Homi Bhabha oder Gayatri Chakravorty Spivak) und verbindet sich mit der Diagnose epistemischer Gewalt in Gestalt von *Othering*.

Für ein gegenwärtig angemessenes Verständnis der Menschenrechte genügt es nicht, diese nur historisch[1], rechtlich oder ethisch-moralisch einzuordnen, sondern auch die Dimension des Politischen ist in den Blick zu nehmen (vgl. Bogner 2014).

„Es sind historisch-soziale Kontexte – mit anderen Worten: politische Prozesse –, auf die sich dieser Anspruch bezieht und in denen er seine Wirkung entfaltet. Zugleich ist die Art und Weise, wie solche Wirkung sich ausbreitet, zuinnerst verquickt mit den Prägekräften und Dynamiken, die von den Prozessen historisch-sozialer Praxis ihrerseits auf den Gehalt des Menschenrechtsanspruchs ausgeübt werden" (Bogner 2017, S. 680).

3   Das humanitäre Völkerrecht

Das humanitäre Völkerrecht umfasst alle Bestimmungen, die in Zeiten bewaffneter Konflikte gelten und beinhaltet Bestimmungen sowohl zum Schutz von Personen, die nicht oder nicht mehr an den Feindseligkeiten teilnehmen, als auch zur Beschränkung der Kriegsmethoden und -mittel. Auf internationaler Ebene erweist es sich als das ältere Rechtsgebiet, das sich in seiner modernen Gestalt

---

1   Für eine historische Verortung vgl. das interdisziplinäre Handbuch Menschenrechte Abschnitt I (Pollmann und Lohmann 2012) sowie Eckel (2014).

bereits seit den 1860er-Jahren herausgebildet hat. Das Kriegsrecht (humanitäres Völkerrecht) war von Anfang an ein Teil des Völkerrechts (vgl. Schäfer 2006, S. 14). Der Auslöser zur Entwicklung des humanitären Völkerrechts in der heutigen Form kann in der Schrift „Eine Erinnerung an Solferino" von Henri Dunant (1862) gesehen werden. Dadurch aufgerufen lud die Regierung der Schweiz zu einer diplomatischen Konferenz ein, die sich mit dem Schicksal der Verwundeten der im Felde stehenden Heere beschäftigte. 1864 schuf so das erste Genfer Abkommen den Grundstein des modernen humanitären Völkerrechtes. Gegenseitigkeit und absolute Geltungskraft sind dabei seine wesentlichen Grundlagen. Deshalb ist auch seine Anwendbarkeit nicht vom Kriegsgrund abhängig.

In diesem Zusammenhang lässt sich das *ius in bello*, das Recht im Krieg, und das *ius ad bellum*, das Recht zur Kriegsführung, welches es Staaten unter gewissen Bedingungen erlaubt, Gewalt zu gebrauchen, unterscheiden. Geschichtlich haben sich im Rahmen von ersterem das sogenannte „Haager Recht" sowie das „Genfer Recht" entwickelt. Das Haager Recht betrifft vor allem die Art und Weise der Kriegsführung, so regelt die Haager Landkriegsordnung von 1907 beispielsweise die Definition von Kombattanten, den Umgang mit Kriegsgefangenen oder Beschränkungen bei der Wahl der Mittel zur Kriegführung. Das Genfer Recht hingegen stellt Regeln für den Schutz bestimmter Personen auf, vor allem für diejenigen, die außer Gefecht gesetzt sind, wie Kriegsgefangene, Verwundete oder Schiffbrüchige sowie für diejenigen, die nicht am Kampf teilnehmen, wie die Zivilbevölkerung. Das *ius ad bellum* nun hat sich seit der Gründung der Vereinten Nationen zu einem *ius contra bellum*, Recht gegen den Krieg, entwickelt (vgl. Schäfer 2006, S. 60). In der Tat verbietet die Charta jeglichen Gebrauch von Gewalt mit zwei Ausnahmen: dem Recht zur Selbstverteidigung und Fällen, in denen der Sicherheitsrat nach Kap. VII Maßnahmen zur Sicherung des Weltfriedens bestimmt.

4 Menschenrechte und humanitäres Völkerrecht – eine Verhältnisbestimmung

Traditionell war das Völkerrecht in das Friedens- und Kriegsrecht aufgeteilt. Je nach Zustand der internationalen Beziehungen wurde entschieden, welcher Rechtskorpus zur Anwendung kommen wird. Völkerrechtlerinnen und Völkerrechtler beurteilten die Anwendung der Menschenrechte während bewaffneter Konflikte lange Zeit kritisch, denn sie verwiesen auf die unterschiedliche Entstehungsgeschichte und Zielsetzung beider Rechtszweige. So blieben die Menschenrechte in bewaffneten Konflikten lange außen vor. Zudem befürchteten sie eine Politisierung (vgl. Heintze 2011). Auch andere humanitäre Institutionen wie das Internationale Komitee vom Roten Kreuz (IKRK) verhielten sich anfänglich eher zurückhaltend. Heute dagegen beteiligt sich das Rote Kreuz an der gemeinsamen Anwendung von Völkerrecht und Menschenrechten und unterstützt damit die komplementäre Nutzung. Das Übereinkommen über die Rechte des Kindes von 1989 zeigt beispielsweise einen Beitrag zur Integration des humanitären Völkerrechts in die Rechtsordnung der Menschenrechte (vgl. Heintze 2011, S. 1). Beide Gebiete beziehen sich gleichermaßen auf den Schutz des Menschen und seiner Würde.

Zentrale Unterschiede liegen in dem geschützten Personenkreis: So zielen die Menschenrechtsabkommen auf einen universellen Ansatz, während das humanitäre Völkerrecht nationalitäts- und gruppenbezogen arbeitet (vgl. Johann 2012, S. 25ff.). Außerdem differiert der sachliche Schutzbereich: Zum einen unterscheidet sich der Rechtsgüterschutz in seiner Bandbreite und Intensität, zum anderen liegen beiden grundlegend verschiedene Regelungsansätze zugrunde (vgl. Johann 2012, S. 39ff.). Schließlich zeigen sich verschiedene Ausgestaltungen der individuellen Rechtsdurchsetzungsmöglichkeiten:

Menschenrechte und humanitäres Völkerrecht

„Während dem Einzelnen im Bereich der Menschenrechtsabkommen mit den jeweils vorgesehenen Individualbeschwerdeverfahren und einem Recht auf ein ‚effective remedy' – insbesondere im Fall der EMRK – eine starke, eigenständige Position eingeräumt wird, sind die Möglichkeiten des Einzelnen, sich gegen Verletzungen des Kriegsvölkerrechtes zu wehren oder einen Anspruch auf Entschädigung geltend zu machen, nur schwach ausgeprägt" (Johann 2012, S. 43).

Als besonders herausfordernd gestaltete sich die Anwendung der Menschenrechte während bewaffneter Konflikte. Dies änderte sich nach dem Gutachten des Internationalen Gerichtshofs (IGH) zu den Nuklearwaffen (1996) zur Frage nach der Anwendbarkeit der Menschenrechte im bewaffneten Konflikt. Das Gutachten bestätigt, dass es die Kluft zwischen beiden Rechtskörpern zu überwinden gilt. Dies ist vor allem eine Konsequenz nicht-internationaler bewaffneter Konflikte nach dem Zweiten Weltkrieg. Bis dahin wurde vielfach die Ansicht vertreten, dass mit dem Eintritt des Kriegszustandes das Friedensvölkerrecht, zu dem die Menschenrechte gehören, durch das Kriegsvölkerrecht verdrängt werde (vgl. Schäfer 2012, S. 377). Heute geht die herrschende Meinung davon aus, „dass der durch Menschenrechtsverträge gebotene Schutz im Falle eines bewaffneten Konflikts – unbeschadet der in einigen Verträgen vorgesehenen Möglichkeit, in Notstandszeiten von den Verpflichtungen aus dem jeweiligen Vertrag in begrenztem Umfang abweichen zu können […] grundsätzlich bestehen bleibt" (Schäfer 2012, S. 377). Auf diese Weise kommen die Menschenrechte und das humanitäre Völkerrecht gleichzeitig zur Anwendung.

Bei Menschenrechtsverträgen ist besonders umstritten, ob und gegebenenfalls unter welchen Voraussetzungen sie auch außerhalb des eigenen Territoriums angewendet werden können. Dies liegt daran, dass einige Menschenrechtsverträge besagen, dass jeder Vertragsstaat verpflichtet sei, die in dem Vertrag anerkannten Rechte allen seiner Hoheitsgewalt (Art. 1 EMRK) oder „allen in seinem Gebiet befindlichen und seiner Herrschaftsgewalt" (Art. 2 Abs. 1 ICCPR[2]) unterstehenden Personen zu gewährleisten. Dies legt eine Begrenzung auf das eigene Staatsgebiet nahe. Einige Staaten lehnen deshalb die Anwendung außerhalb des eigenen Staatsgebietes ab, so beispielsweise die USA oder Israel. Außerdem ist strittig, wann die Hoheitsgewalt im Sinne der einschlägigen Vorschriften der Menschenrechtsverträge bei militärischen Auslandseinsätzen, insbesondere bei anhaltenden Kampfhandlungen, zum Tragen kommt (vgl. Schäfer 2012, S. 378). Wenn beide Rechtsgebiete nebeneinander anwendbar sind, stellt sich insbesondere die Frage, wie sie zueinander stehen, wenn sie in Widerspruch zueinander geraten.

5   Zu diesem Band

Obwohl sich Menschenrechte und das humanitäre Völkerrecht hinsichtlich ihrer Entstehungssituation und Anwendungsbereiche unterscheiden, haben sie das Ziel des Schutzes und der Absicherung der Menschen gemeinsam. Das Verhältnis zwischen Menschenrechten und humanitärem Völkerrecht ist nach wie vor umstritten und nicht abschließend geklärt. Die Gründe hierfür sind vielfältig und reichen von der geschichtlichen Entwicklung beider Rechtsgebiete über rechtsdogmatisch voneinander abweichende Ansichten bis hin zu Fragen des Verhältnisses im engeren Sinne. Die Zuordnung der beiden Rechtskorpora und ihrer jeweiligen Geltungsbereiche lassen sich ganz unterschiedlich beschreiben. Umstritten sind etwa die extra- oder exterritoriale Geltung von

---

2   Internationaler Pakt über bürgerliche und politische Rechte (englisch: International Covenant on Civil and Political Rights).

Verträgen, hier insbesondere der Menschenrechtsverträge oder Fragen der effektiven Kontrolle.

Der vorliegende Band legt deshalb zwei Schwerpunkte, zum einen das gegenwärtige Verhältnis von humanitärem Völkerrecht und Menschenrechten sowie zum anderen Vertiefungen zu konzeptionellen Fragen der Menschenrechte und ihrer Geltung stets in Auseinandersetzung mit dem humanitären Völkerrecht.

Der erste Beitrag von *Martina Haedrich* fragt aus völkerrechtlicher Sicht, wie sich das Verhältnis von humanitärem Völkerrecht und Menschenrechten für die Gegenwart bestimmen und wie Konkurrenzen im Falle sich widersprechender Regelungen zu lösen sind. Dabei entwickelt die Autorin die These einer harmonisierenden Auslegung menschenrechtlicher Regelungen und der Bestimmungen des humanitären Völkerrechts, die je komplementär zueinander stünden.

Der zweite Beitrag von *Wolfgang S. Heinz* betrachtet aus der Erfahrung politischer und rechtlicher Gestaltungsprozesse Unterschiede und Gemeinsamkeiten zwischen humanitärem Völkerrecht und Menschenrechten, besonders im Blick auf die Einschränkbarkeit von Rechten im Falle eines bewaffneten Konfliktes. Gerade angesichts zunehmender terroristischer Anschläge und staatlicher Gewaltanwendung, auch in Drittländern, bleiben solche Fragen relevant, da eine Reihe von aktuellen und geplanten Praktiken fundamentale Prinzipien des Völkerrechts und Rechtsstaates, insbesondere auch der Menschenrechte und des humanitären Völkerrechts, missachten.

Die Friedensdenkschrift der Evangelischen Kirche in Deutschland behandelt die Menschenrechte im Rahmen des Paradigmas „Frieden durch Recht" und argumentiert mit ihrer Universalität und Unteilbarkeit (vgl. EKD 2007, Ziff. 88). Doch sind Menschenrechte wirklich universal geltend? Dieser Frage widmet sich der Beitrag von *Georg Lohmann*, indem er zwischen einer normativen Geltung im Sinne der moralischen Ansprüche der Menschenrechte und einer faktischen Geltung im Rahmen politischer und rechtlicher Realisierung unterscheidet. Der Autor argumentiert in Aufnahme eines Abwägungsmodells für eine universale, jedoch nicht absolute Geltung der Menschenrechte.

Die gegenwärtige Diskussion konzentriert sich häufig auf historische oder geltungstheoretische Aspekte der Menschenrechte. Doch für Fragen ihrer Umsetzung könnten auch andere Aspekte von Bedeutung sein. Der vierte Beitrag von *Daniel Bogner* untersucht daher das Verhältnis zwischen rechtlicher Geltung, moralisch-ethischem Anspruch und politischen Aspekten der Menschenrechte. Er vertritt dabei die These, dass der „Terminus Menschenrechte seine Spezifizität und Wirksamkeit – zumindest à long terme – verliert, wenn man sein Grundverständnis um eine dieser drei Dimensionen verkürzt".

Der abschließende Beitrag von *Stefan Oeter* nimmt noch einmal zentrale Argumentationslinien des Bandes auf und zieht eine ernüchternde Bilanz des Zusammenspiels von Menschenrechten und humanitärem Völkerrecht. Der Autor richtet sich gegen den Ansatz, das humanitäre Völkerrecht könne durch eine allmähliche Assimilation an die Logik der Menschenrechte zum Verschwinden entbrutalisiert und humanisiert werden. Ein solcher Schritt wäre denkbar „würde aber das humanitäre Völkerrecht seiner Leistungskraft berauben, würde die militärischen Apparate entweder der Optionen robuster Gewalt berauben, derer es zur Bewahrung der Rechtsordnung in Extremsituationen bedarf, oder er würde den Rückgriff auf die (tödliche) militärische Gewalt in die undurchdringliche Nebelbank der Notstandsklauseln verschieben".

Literatur

Bogner, Daniel. 2014. *Das Recht des Politischen. Ein neuer Begriff der Menschenrechte.* Bielefeld: transcript Verlag.
Bogner, Daniel. 2017. Menschenrechte und humanitäres Völkerrecht. In *Handbuch Friedensethik*, hrsg. von Ines-Jacqueline Werkner und Klaus Ebeling, 677–687. Wiesbaden: Springer VS.
Eckel, Jan. 2014. *Die Ambivalenz des Guten. Menschenrechte in der internationalen Politik seit den 1940ern.* Göttingen: Vandenhoeck und Ruprecht.
Evangelische Kirche in Deutschland (EKD). 2007. *Aus Gottes Frieden leben – für gerechten Frieden sorgen. Eine Denkschrift.* Gütersloh: Gütersloher Verlagshaus.
Heintze, Hans-Joachim. 2011. Theorien zum Verhältnis von Menschenrechten und humanitärem Völkerrecht. Humanitäres Völkerrecht – Informationsschriften / Journal of International Law of Peace and Armed Conflict 2011 (1). www.ifhv.de/documents/huvi/selectedarticles/1-2011-heintze.pdf. Zugegriffen: 15. Mai 2018.
Janssen, Dieter. 2008. *Menschenrechtsschutz im Krisengebiet. Humanitäre Interventionen nach dem Ende des Kalten Krieges.* Frankfurt a. M.: Campus Verlag.
Johann, Christian. 2012. *Menschenrechte im internationalen bewaffneten Konflikt. Zur Anwendbarkeit der Europäischen Menschenrechtskonvention und des Internationalen Paktes über bürgerliche und politische Rechte auf Kriegshandlungen.* Berlin: Berliner Wissenschafts-Verlag.
Kämpf, Andrea. 2012. Menschenrechte der „dritten Generation". In *Menschenrechte. Ein interdisziplinäres Handbuch*, hrsg. von Arnd Pollmann und Georg Lohmann, 294–404. Stuttgart: J.B. Metzler.
Pollmann, Arnd und Georg Lohmann (Hrsg.). 2012. *Menschenrechte. Ein interdisziplinäres Handbuch.* Stuttgart: J.B. Metzler.
Schäfer, Bernhard. 2006. *Zum Verhältnis Menschenrechte und humanitäres Völkerrecht. Zugleich ein Beitrag zur exterritorialen Geltung von Menschenrechtsverträgen.* Potsdam: Universitätsverlag.
Schäfer, Bernhard. 2012. Menschenrechte und humanitäres Völkerrecht. In *Menschenrechte. Ein interdisziplinäres Handbuch,* hrsg. von Arnd Pollmann und Georg Lohmann, 376–382. Stuttgart: J.B. Metzler.

Gedanken zum Verhältnis von Menschenrechten und humanitärem Völkerrecht

Martina Haedrich

1 Einleitung

Erst das Völkerrecht der Gegenwart setzt sich die umfassende Bewahrung des Friedens zum Ziel. Das Recht der Friedenssicherung entwickelte sich mit der Ächtung des Krieges auf der Grundlage des Briand-Kellogg-Paktes, dem die Schaffung eines Systems der kollektiven Sicherheit durch den Völkerbund mit der Völkerbundsatzung vorausging. Als Kriegsächtung wird Frieden als negativer Frieden im Sinne der Abwesenheit militärischer Gewalt betrachtet, die dazu verpflichtet, alles zu unterlassen, was zur Entfesselung eines Krieges führen kann. Mit dem Verbot der Androhung und Anwendung von Gewalt (Art. 2 Ziff. 4 UN-Charta) existiert heute ein allgemein anerkanntes Kriegsverbot. Positiver Frieden fordert darüber hinaus Friedensgestaltung, die in der Charta ebenfalls angelegt ist (vgl. Haedrich 2011, S. 336). Die UN-Charta spricht nicht nur davon, den Weltfrieden und die internationale Sicherheit zu wahren, sondern sie fordert die Staaten auch auf, zu diesem Zweck wirksame Kollektivmaßnahmen zu treffen (Art. 1 Abs. 1 UN-Charta). Bestandteil des positiven Friedens ist die Anerkennung fundamentaler Menschenrechte. Mit der Verabschiedung der UN-Charta und auf deren Grundlage ging die Etablierung eines internationalen Systems der Menschenrechte in Gestalt universeller Menschenrechtsabkommen und völkergewohnheitsrechtlich geltender Menschenrechte einher. Die UN-Charta eröffnet mit ihren Zielen und Grundsätzen (Art. 1 und 2) und den Zwangsmaßnahmen des Sicherheitsrats (Art. 39ff.) die Möglichkeit, bei einer Bedrohung oder bei einem Friedensbruch gegen grundlegende Menschenrechtsverletzungen vorzugehen. Mit den zahlreicher werdenden nicht-internationalen bewaffneten Konflikten geht der Sicherheitsrat auch gegen massive Menschenrechtsverletzungen in diesen Konflikten vor (vgl. Kreß 2014, S. 372). Die wachsende Zahl nicht-internationaler Konflikte hat zur fließenden Grenzziehung zwischen Friedensrecht und Kriegsrecht beigetragen und erleichtert eine Verbindung zwischen Menschenrechten und humanitärem Völkerrecht. Die Auffassung, dass Menschenrechte auch in bewaffneten Konflikten anwendbar sind, ist herrschende Meinung (vgl. Bothe 2004, S. 41). Die überkommene Position geht davon aus, dass das System des Menschenrechtsschutzes nur in Friedenszeiten gilt, während das humanitäre Völkerrecht nur in Kriegszeiten anwendbar ist (Schmahl 2001, S. 43). Ob und inwieweit völkerrechtliche Normen auch auf innere Unruhen unterhalb der Schwelle nicht-internationaler bewaffneter Konflikte anzuwenden sind, wird bisher zurückhaltend erörtert (vgl. Heinz und Abesadze 2015, S. 169).

Ende des 18. und zu Beginn des 19. Jahrhunderts wurde das Kriegsrecht etabliert, das von der Idee getragen ist, durch Regeln der Kriegführung eine Vermeidung oder Minderung menschlichen Leids und eine Begrenzung materiellen Schadens im Krieg zu erreichen (IV. Haager Abkommen betreffend die Gesetze und Gebräuche des Landkriegs von 1907; Vorgängerabkommen von 1899). Dieser Regelungskomplex wird als Haager Recht bezeichnet, das zusammen mit dem Genfer Recht, das die vier Genfer Abkommen und ihre Zusatzprotokolle umfasst, heute die Rechtsmaterie des humanitären Völkerrechts bildet. Insbesondere durch das Zusatzprotokoll I (im folgenden ZP I) sind das Haager und Genfer Recht zu einem „effective merging" zusammengeführt worden (Crawford und Pert 2015, S. 32).

Durch das in der UN-Charta grundlegend verankerte Verbot der Androhung und Anwendung von Gewalt und der Etablierung eines umfassenden Systems der internationalen Sicherheit wurde die Grundlage für die Weiterentwicklung des Rechts in bewaffneten Konflikten und die Herausbildung des internationalen Menschenrechtsschutzes geschaffen. Diese Entwicklung im Völkerrecht der Gegenwart hat auch dazu geführt, dass der Begriff des Kriegsrechts vom Begriff des humanitären Völkerrechts abgelöst wurde (vgl. Cassese 2008, S. 3f.). Das humanitäre Völkerrecht regelt die zulässigen Mittel und Methoden der Kriegführung, das *ius in bello*, welches von den Regeln der rechtmäßigen Gewaltanwendung, dem *ius ad bellum* oder besser dem *ius contra bellum*, zu unterscheiden ist (vgl. Thürer 2009, S. 661). Das Anliegen des humanitären Völkerrechts besteht darin, das durch bewaffnete Konflikte verursachte Leid zu begrenzen. Darauf zielen insbesondere die Regelungen zum Schutz der Zivilpersonen, Verwundeten und Kriegsgefangenen sowie zum Schutz baulicher Einrichtungen, wie Hospitäler und Kulturstätten. Für den Ursprung der Rechtsmaterie des humanitären Völkerrechts steht die Idee Jean-Henry Dunants, Regeln zum Schutz der Kriegsopfer zu kodifizieren. Sein Werk „Un souvenir de Solférino" aus dem Jahr 1862 ist von dem Gedanken bestimmt, einen verwundeten Soldaten nicht mehr als Kombattanten zu betrachten und feindlich anzugreifen. Dies solle unabhängig von seiner Zugehörigkeit zu einer bestimmten Nation oder Armee geschehen; der Soldat solle neutral – als Mensch – behandelt werden (Dunant 2012 [1862], S. 6ff.).

2 Der humanitäre Gedanke im humanitären Völkerrecht

Das Anliegen des humanitären Völkerrechts zur Minderung menschlichen Leids und der Beschränkung des Einsatzes von Mitteln gegenseitiger Schädigung zielt auf eine Rückkehr zum Frieden. So gesehen hat das humanitäre Völkerrecht auch eine friedensfördernde Funktion (vgl. Bothe 2016, S. 616, RN 58). Regeln der Humanität beeinflussten schon das Kriegsrecht der Haager Konventionen. Die Martens'sche Klausel, die erstmals in der Präambel des IV. Haager Abkommens mit der Haager Landkriegsordnung (im folgenden HLKO) verankert wurde, fordert nach feststehenden Gebräuchen, Gesetzen der Menschlichkeit und den Forderungen des öffentlichen Gewissens zu handeln. Die heute völkergewohnheitsrechtlich geltende Martens'sche Klausel öffnete das Kriegsrecht für humanitäre Regeln (Kahn 2016, S. 2f.). Art. 72 ZP I aus dem Jahr 1977 zum Genfer Abkommen über den Schutz der Opfer in internationalen bewaffneten Konflikten stellt in ähnlicher Weise eine Öffnungsklausel dar, die sich auf grundlegende Menschenrechte erstreckt (vgl. Vöneky 2001, S. 286). Der humanitäre Gedanke im humanitären Völkerrecht ist mit der Etablierung des Völkerrechts der Gegenwart nach 1945, insbesondere mit der Gründung der Vereinten Nationen und der Verabschiedung der UN-Charta im Jahre 1945 sowie den Genfer Abkommen im Jahre 1949, in den Vordergrund gerückt (vgl. Meron 2000, S. 239). Das humanitäre Völkerrecht als Teil des Völkerrechts (vgl. Grignon 2014, S. 147) entwickelt sich im Kontext zu anderen Teilen, wie den Menschenrechten, stetig weiter und nimmt ethische Grundsätze, die das Völkerrecht in sich trägt, auf (vgl. Haedrich 2018, S. 141). Dies gilt unter anderem für das ZP I zu den Genfer Abkommen mit seinen Regelungen aus dem Bereich der Menschenrechte. Überhaupt ist in dem Maße, wie sich das Völkerrecht der Gegenwart stärker auf den Menschen fokussiert, bei der Anwendung des humanitären Völkerrechts durch internationale Organe und Gerichte auf Sachverhalte, die bewaffnete Konflikte betreffen, das Streben nach Humanisierung festzustellen. Das Gebot der Humanität – schon im Haager Recht aufgegriffen – fordert, Waffengewalt nur unter Vermeidung unnötigen Leidens einzusetzen und verbietet unbegrenzte Gewaltausübung (niedergelegt in Art. 22 HLKO). Dies wird in Art. 35 ZP I wiederholt. Das Gebot der Humanität zeigt sich auch an den Beschränkungen des im humanitären Völkerrecht geltenden Grundsatzes der militärischen Notwendigkeit (vgl. Tomuschat 2010, S. 22) und der Geltung des Verhältnismäßigkeitsgrundsatzes (vgl. Cannizzaro 2014, S. 334). So ist ein Angriff auf militärische Objekte legitimes Ziel in bewaffneten Konflikten und damit grundsätzlich erlaubt. Einschränkungen finden sich in einzelnen Regelungen des humanitären Völkerrechts. Art. 52 Abs. 2 ZP I definiert ein militärisches Objekt.[1] Eingegrenzt wird der Grundsatz der militärischen Notwendigkeit durch den Verhältnismäßigkeitsgrundsatz, der gemäß Art. 51 Abs. 5 lit. b ZP I, wie schon Art. 23 Abs. 1 lit. g HLKO, verletzt ist, wenn der Angriff auf militärische Objekte zu immensen Verlusten unter der Zivilbevölkerung führt, in keinem Verhältnis zum militärischen Vorteil steht und sich hier als ein Verbot exzessiver Kollateralschäden niederschlägt. Eine Notstandssituation ist kein alleiniger Rechtfertigungsgrund für militärische Gewalt, wie sich am umfassenden Repressalienverbot (als Grundregel: Art. 2 und in Konkretisierung: Art. 51 Abs. 5, Art. 52 Abs. 1, Art. 53 lit. c, Art. 54 Abs. 4 und Art. 55 Abs. 2 ZP I) zeigt. So darf eine Verletzung von Normen des humanitären Völkerrechts nicht auch mit Rechtsverstößen beantwortet werden. Im Bereich der Menschenrechte gilt das Reziprozitätsprinzip, das

---

1   Siehe Kritik an der Definition bei Oeter 2013, para 442 Ziff. 5.

von einem umfassenden Schutz des Individuums ausgeht und auch Wirkung im Zivilschutz des humanitären Völkerrechts entfaltet. Grundlegende Regeln des Völkerrechts sind in allen Rechtsmaterien dieser Rechtsordnung einzuhalten. In der Präambel ZP I wird unrechtmäßige Gewaltausübung verurteilt (Abs. 2) und die Notwendigkeit der Bestätigung und Weiterentwicklung der Normen zum Schutz der Opfer bewaffneter Konflikte bekräftigt (Abs. 3). Dies kann als Beleg dienen, dass die Lehre vom gerechten Krieg, die insbesondere durch die Moraltheologie eine Rechtfertigung erhielt (vgl. Jäger 2018, S. 2), im humanitären Völkerrecht überwunden wurde (vgl. von Arnauld 2016, S. 522, RN 1161 sowie Pfisterer 2011, S. 84) und der gerechte Frieden zu einem Leitsatz im Völkerrecht der Gegenwart geworden ist (vgl. Hoppe und Werkner 2017, S. 350). Auch der Versuch, Rechtsverstöße gegen das humanitäre Völkerrecht mit der Anwendung des Selbstverteidigungsrechts gemäß Art. 51 UN-Charta zu legitimieren und damit die Doktrin vom gerechten Krieg als Legitimationsgrund heranzuziehen, verstößt gegen Art. 2 Ziff. 4 und Art. 51 UN-Charta. Das Völkerrecht der Gegenwart als Friedenssicherungsrecht würde infrage gestellt und die Regeln des humanitären Völkerrechts würden aufgeweicht, ja, ad absurdum geführt, wenn die militärische Notwendigkeit des humanitären Völkerrechts und die Verhältnismäßigkeit nach Selbstverteidigungsrecht „miteinander multipliziert werden" (vgl. von Arnauld 2016, S. 522 RN 1162). Der Individualschutz in bewaffneten Konflikten zielt vor allem auf Zivilpersonen und Wehrlose, die einer Waffengewalt ausgesetzt sind. Es entspricht dem humanitären Zweck des humanitären Völkerrechts, bei militärischen Handlungen, die auf das Schädigungsinteresse der am Konflikt beteiligten Parteien zurückzuführen sind, humanitäre Regeln einzuhalten. Das gilt für die erwähnten Regeln zum Repressalienverbot, wonach die militärische Notwendigkeit keinen Grund darstellt, die Verletzung humanitärer Normen zu rechtfertigen, aber auch für die Pflicht zur Förderung der von einer Partei getroffenen Hilfsmaßnahmen für gefährdete Personen, soweit es „die militärischen Erfordernisse erlauben" (Art. 16 Abs. 2 IV. Genfer Abkommen). Dass die militärische Notwendigkeit bewaffneter Einsätze auch unter dem Aspekt der Verhältnismäßigkeit der Mittel und Methoden der Kriegführung in den Blick zu nehmen ist, gilt auch bei moderner Kriegführung (vgl. Melzer 2010, S. 836). Ein Angriff nach den Maßgaben des humanitären Völkerrechts, bei dem auch Verluste an Menschenleben unter der Zivilbevölkerung oder die Verwundung von Zivilpersonen oder ziviler Objekte zu erwarten sind und die in keinem Verhältnis zum militärischen Vorteil stehen, ist unverhältnismäßig (Art. 51 Abs. 5 lit. b ZP I). Das humanitäre Völkerrecht zielt auf die Einhaltung der Prinzipien des Zivilschutzes und der Verhältnismäßigkeit, Verluste an Zivilpersonen und materielle Schäden zu umgehen oder so gering wie möglich zu halten (vgl. von Kielmansegg 2014, S. 378) und im Bereich der Menschenrechte auf den umfassenden Schutz des Lebens. Das heißt, dass die Begrenzung des Verlustes an Zivilpersonen oder deren Verletzungen und Schäden an zivilen Objekten durch bewaffnete Angriffe im Vordergrund steht und die militärische Erforderlichkeit unter Bezug auf die Verhältnismäßigkeit stärkere Einschränkungen erfordert (vgl. Dinstein 2016, S. 16).

Es gehört zum Wesen des humanitären Völkerrechts, dass, wenn auch unter den genannten Einschränkungen, Gewalt rechtmäßig ist. Rechtsnormen des humanitären Völkerrechts geben Gewaltanwendung rechtsförmig vor beziehungsweise ermöglichen diese. Die Rechtsmaterie des humanitären Völkerrechts ist eben humanitär und nur auf die Milderung menschlichen Leids gerichtet; Kollateralschäden werden in Kauf genommen. Bei Kriegshandlungen ist „stets darauf zu achten, dass die Zivilbevölkerung, Zivilpersonen und zivile Objekte verschont bleiben" (Art. 57 Abs. 1 ZP I) und Vorsichtsmaßnahmen gegen die Wirkung von Angriffen zu erfolgen haben (Art. 58 ZP I). Ein Verbot solcher Handlungen und Maßnahmen gibt es nicht. Gewaltanwendung zur Erhaltung oder Wiederherstellung des Friedens ist durch diese Rechtsmaterie legalisiert. Das Gebot des Humanitären findet im humanitären Völkerrecht selbst seine Grenze. Erst die Rechtsmaterie des Menschenrechtsschutzes ist mehr als humanitär; sie ist human und auf den umfassenden Erhalt menschlichen Lebens gerichtet.

Wenn auch beide Rechtsmaterien zu unterschiedlichen Ergebnissen führen – das humanitäre Völkerrecht zielt auf eine Beschränkung des Verlustes an Zivilpersonen und die Rechtsmaterie der Menschenrechte verfolgt das Anliegen, Menschenleben überhaupt zu schützen – ist eine Tendenz sichtbar: Der Unterschied beider Rechtsmaterien verblasst durch die wachsende Fokussierung auf den Menschenrechtsschutz (vgl. Droege 2008, S. 526). Die Genfer Abkommen ziehen in ihrem gemeinsamen Art. 3 allgemeine Regeln zum Schutz der Menschenrechte heran, die in nicht-internationalen bewaffneten Konflikten einschränkungslos einzuhalten, aber auch auf internationale bewaffnete Konflikte anzuwenden sind. Im Nicaragua-Fall ist in Bezug auf diese Regeln von einem „minimum yardstick" und, wie schon im Korfu Kanal-Fall, von „elementary considerations of humanity" die Rede (ICJ Reports 1996, paras 218–220 und ICJ Reports 1949, para 4). Damit wird der grundsätzliche gewohnheitsrechtliche Charakter der Art. 3 Genfer Abkommen herausgestellt (vgl. Henckarts und Doswald-Beck 2005, Introduction, S. xxxi).

3 Komplementäre Anwendung der Menschenrechte und des humanitären Völkerrechts

Unter komplementärer Anwendung der Menschenrechte und des humanitären Völkerrechts ist zu verstehen, dass die Rechte beider Rechtsmaterien nicht zueinander im Konflikt stehen, auf denselben Prinzipien und Werten beruhen und sich gegenseitig beeinflussen können (vgl. Droege 2008, S. 521). Neben dem Begriff „komplementär" wird in Bezug auf das Verhältnis beider Rechtsmaterien der Begriff „kumulativ" synonym gebraucht (vgl. Borelli 2004, S. 39ff.). Wenn Komplementarität im Sinne von wechselseitiger Entsprechung verstanden wird, weist das darauf hin, dass das Völkerrecht kein Verhältnis des Widerspruchs, sondern der Einheit ist, die in der Vielfalt der anzuwendenden Normen besteht. Es existiert ein Rechtsgefüge, in dem sich die Rechtsmaterien der Menschenrechte und des humanitären Völkerrechts gegenseitig ergänzen und zueinander in Beziehung stehen. In der Literatur wird ganz überwiegend eine solche komplementäre Anwendung beider Rechtsmaterien bejaht und diese als Wechselbeziehung und -wirkung zwischen Menschenrechten und humanitärem Völkerrecht, die sich zunehmend verstärkt, betrachtet (vgl. Heintze 2015, S. 150). Das schließt nicht aus, dass die Gewichtung dieser beiden Rechtsmaterien unterschiedlich betrachtet wird (vgl. Beitrag Heinz in diesem Band).

Die Wechselbeziehung und -wirkung zwischen Menschenrechten und humanitärem Völkerrecht entwickelt sich dem Grunde nach ständig weiter (vgl. Hampson 2008, S. 560). Die Auslegungsregeln des Art. 31 Wiener Vertragsrechtskonvention (im folgenden WVRK) dienen als Instrumente, die Völkerrecht als kohärentes System begreifen und für das Zusammenspiel von Menschenrechten und humanitärem Völkerrecht eingesetzt werden können (vgl.

Droege 2008, S. 521). Ganz in diesem Sinne bedient sich der Menschenrechtsausschuss des Konstruktes der Komplementarität der Menschenrechte und des humanitären Völkerrechts, eingebettet in ein kohärentes Rechtssystem und befindet, dass „both spheres of law are complementary, not mutually exclusive" (Menschenrechtsausschuss 2004, para 11, S. 2).

Nach Art. 72 ZP I ergänzen die Bestimmungen des Abschnitts zur Behandlung von Personen, die sich in der Gewalt einer am Konflikt beteiligten Partei befinden, „die sonstigen anwendbaren Regeln des Völkerrechts über den Schutz grundlegender Menschenrechte in einem internationalen bewaffneten Konflikt". Die Präambel, Abs. 2 ZP II betont die Geltung grundlegender Menschenrechte für nicht-internationale bewaffnete Konflikte, indem auf internationale Abkommen über Menschenrechte verwiesen wird, die dem Menschen grundsätzlichen Schutz bieten. So sind gewohnheitsrechtlich anerkannte Menschenrechte ebenso wie die Menschenrechtsabkommen zusammen mit humanitär-völkerrechtlichen Regeln in ihrer Einheit heranzuziehen. Die Derogationsklauseln in den Menschenrechtsabkommen, so in Art. 4 Abs. 1 Internationaler Pakt über bürgerliche und politische Rechte (im folgenden IPBPR) bei öffentlichem Notstand und in Art. 15 Abs. 1 Europäische Menschenrechtskonvention (im folgenden EMRK) bei Krieg oder einem anderen öffentlichen Notstand, sind so konzipiert, dass sie auch in Situationen, die den Krieg einschließen, fortgelten (vgl. Salomon 2015, S. 154).

Dass humanitär-völkerrechtliche und menschenrechtliche Bestimmungen in einem komplementären Verhältnis zueinanderstehen, hat der Internationale Gerichtshof (im folgenden IGH) im Atomwaffen-Gutachten und im Mauer-Gutachten beschrieben. Er betont die umfassende Anwendung des IPBPR bei militärischen Konflikten auf fremdem Staatsgebiet bei gleichzeitiger Anwendung des humanitären Völkerrechts (ICJ Reports 1996, S. 226ff. para 25 und ICJ Reports 2004, S. 136ff. para 104). Dass Art. 6 IPBPR, das Recht auf Leben, neben dem humanitären Völkerrecht in bewaffneten Konflikten Anwendung findet, wird durch die völkerrechtliche Praxis internationaler Institutionen einschränkungslos bestätigt. Dies ist durch die universelle Wirkung des Paktes gerechtfertigt und auch erforderlich. So hat der Menschenrechtsausschuss zum IPBPR die Anwendbarkeit der Menschenrechte zusammen mit Normen des humanitären Völkerrechts vor dem Hintergrund möglicher Vorrangwirkungen geprüft und festgestellt, dass beide Rechtsmaterien gleichberechtigt heranzuziehen und wechselseitig aufeinander bezogen sind und sich ergänzen (Menschenrechtsausschuss 2001 und 2004). In der Rechtsprechung des IGHs ist die Anwendung der Komplementaritätsthese ebenfalls nachweisbar. Die im Mauer-Gutachten anerkannte allgemeine Anwendung von Menschenrechten in bewaffneten Konflikten wurde im Fall Demokratische Republik Kongo gegen Uganda hinsichtlich des Streits um die Besetzung des östlichen Teils des Kongo durch Uganda bestätigt. Der IGH wiederholte den Standpunkt aus dem Mauer-Gutachten, dass die Materie der Menschenrechte „in the exercise of its jurisdiction outside its own territory and particulary in occupied territories" anwendbar ist (ICJ Reports 2004, para 216). Auch der Europäische Menschenrechtsgerichtshof (im folgenden EGMR) geht inzwischen von der komplementären Stellung der Menschenrechte und des humanitären Völkerrechts aus (siehe unten Abschnitt 4.).

4 Extraterritoriale Geltung von menschenrechtlichen Regelungen

Auch dann gelten menschenrechtliche Regelungen in bewaffneten Konflikten und setzen Verpflichtungen gegenüber der Besatzungsmacht, wenn Hoheitsgewalt außerhalb des eigenen Hoheitsgebiets ausgeübt wird (vgl. Bothe 2004, S. 40). So liegt es nahe, dass die aus humanitärem Völkerrecht resultierenden Pflichten, wie aus Art. 43 und 48 HLKO und Art. 54 und 64 IV. Genfer Abkommen insoweit eingeschränkt sind, wie die Menschenrechte im besetzten Gebiet missachtet werden (vgl. Herdegen 2018, S. 461 RN 37). Der IGH hat in seinem Mauer-Gutachten herausgestellt, dass Israel als Besatzungsmacht auf palästinensischem Gebiet seinen Pflichten aus dem IPBPR, dem Internationalen Pakt über wirtschaftliche, soziale und kulturelle Rechte sowie aus der Kinderrechtskonvention nachzukommen hat (ICJ Reports 2004, S. 194, paras 107ff.). Auf die extraterritoriale Geltung menschenrechtlicher Normen bei außerhalb des eigenen Territoriums stattfindenden bewaffneten Konflikten weisen die Menschenrechtsabkommen ausdrücklich hin. In Art. 2 Abs. 1 IPBPR heißt es: „Jeder Vertragsstaat verpflichtet sich, die in diesem Pakt anerkannten Rechte zu achten und sie allen in seinem Gebiet befindlichen und seiner Herrschaftsgewalt unterstehenden Personen […] zu gewährleisten." Art. 1 EMRK sagt: „Die Hohen Vertragsparteien sichern allen ihrer Hoheitsgewalt unterstehenden Personen die in Abschnitt I bestimmten Rechte und Freiheiten zu." Damit sichern die Derogationsklauseln des Art. 4 IPBPR und Art. 15 EMRK einen menschenrechtlichen Mindeststandard in Notstandsfällen zu. Der Menschenrechtsausschuss unter dem IPBPR bejaht auf universeller Ebene eine Bindung an die Menschenrechte, wenn die Vertragsstaaten an internationalen bewaffneten Konflikten außerhalb ihres Territoriums beteiligt sind. Zu entscheiden ist dann, wann die Voraussetzungen einer „effective control" (EGMR) oder einer Ausübung „within the power" (Menschenrechtsausschuss) gegeben sind. Der EGMR nimmt dies für die Geltung der EMRK an (Bankovic-Urteil 2001, ECHR). Grundsätzlich gilt, dass bei effektiver Kontrolle über fremdes Territorium oder wenn sich Personen in unmittelbarer Gewalt außerhalb des eigenen Territoriums befinden, die Voraussetzungen zur Ausübung der Jurisdiktionsgewalt nach Art. 1 EMRK erfüllt sind. Im Fall Bankovic stellte der EGMR hinsichtlich einer Beschwerde der Opfer von NATO-Luftangriffen auf Belgrad jedoch die Unzulässigkeit fest, weil sich die Opfer nicht unter der Jurisdiktionsgewalt der Konventionsstaaten befunden hätten (vgl. Schäfer 2002, S. 149ff.). Die Rechtsprechung des EGMR hat nunmehr mit dem Urteil Hassan die bisher weitreichendste Entscheidung für den Menschenrechtsschutz bei extraterritorialer Ausübung von Hoheitsgewalt, hier der britischen Hoheitsgewalt im Irakkrieg, getroffen (Hassan-Urteil 2014, ECHR). Der EGMR vertritt die Position, dass bei extraterritorial ergriffenen Maßnahmen in einem Kriegsgebiet während eines internationalen bewaffneten Konflikts die Regelungen der EMRK heranzuziehen sind.

5 Harmonisierende Auslegung menschenrechtlicher Regelungen und der Bestimmungen des humanitären Völkerrechts

Im Fall Hassan geht es um die Freiheitsentziehung eines Irakers durch britische Streitkräfte im Irak. Nach humanitärem Völkerrecht ist dies rechtmäßig, doch in Art. 5 Abs. 1 EMRK, dem Recht auf Freiheit und Sicherheit der Person, das nur unter rechtlich vorgegebenen Voraussetzungen entzogen werden darf, wird das humanitäre Völkerrecht nicht aufgeführt. Der EGMR hat dazu festgestellt, dass auch ohne ausdrückliche Derogation, das heißt ohne Bezug auf Art. 15, die EMRK nach den Regeln des humanitären Völkerrechts ausgelegt werden kann (ECHR 2004, Hassan-Urteil, para 104), dass dies aber nur im Einklang mit der EMRK erfolgen darf. Die Rechte der EMRK werden unter Verweis auf das hier in Rede stehende Recht auf Freiheit und Sicherheit der Person nach Art. 5 Abs. 1

EMRK auf seinen grundlegenden Zweck bezogen (ECHR 2004, Hassan-Urteil, para 105). Da hier kein Widerspruch zwischen den Regeln des humanitären Völkerrechts und den Menschenrechten besteht und sich die Garantien des humanitären Völkerrechts und der EMRK vielmehr ergänzen, sollte in Situationen bewaffneter Konflikte eine Anpassung der in Art. 5 Abs. 1 lit. a-f EMRK aufgeführten Gründe einer hier erlaubten Freiheitsentziehung mit der Festhaltung und Internierung von Kriegsgefangenen und Zivilpersonen, die eine Bedrohung der Sicherheit darstellen, nach den hier anzuwendenden Bestimmungen des III. und IV. Genfer Abkommens erfolgen (ECHR 2004, Hassan-Urteil, para 104). Dies gilt freilich nur unter der Voraussetzung der Rechtmäßigkeit der Anwendung des humanitären Völkerrechts, denn nur so ist eine Verletzung des Art. 5 Absatz 1 lit. a-f EMRK ausgeschlossen (ECHR 2004, Hassan-Urteil, para 105). Im Urteil wird darauf verwiesen, dass der EGMR in Übereinstimmung mit der ständigen Rechtsprechung der Auffassung ist, dass auch im internationalen bewaffneten Konflikt die Regelungen der EMRK anwendbar bleiben, wenn sie vor dem Hintergrund der Normen des humanitären Völkerrechts auszulegen sind (ECHR 2004, Hassan-Urteil, para 104). Ausdrücklich ist weiter von „co-existence of the safeguards provided by international human rights law and by the Convention in time of armed conflict" die Rede (ECHR 2004, Hassan-Urteil, para 104). Damit wird der Vorrang des humanitären Völkerrechts als *lex specialis* hier nicht erwogen. Vielmehr wird im Wege der Auslegung von einer unmittelbaren Anwendung der Bestimmungen der EMRK auf einer Ebene mit dem humanitären Völkerrecht ausgegangen. Wenn der EGMR die Koexistenz beider Rechtsmaterien herausstellt, erfordert das per se die komplementäre Anwendung der Menschenrechte und des humanitären Völkerrechts. Das heißt, trotz der fehlenden formellen Derogation nach Art. 15 EMRK wird Art. 5 EMRK im Hassan-Urteil harmonisierend ausgelegt und angewendet und werden die Regelungen des humanitären Völkerrechts berücksichtigt. Der EGMR stellt heraus, dass Art. 31 Abs. 3 lit. c WVRK eine Auslegung der EMRK „in harmony with other rules of international law" nahelegt, sodass durch das Instrument der Auslegung eine Lösung gefunden wird (ECHR 2004, Hassan-Urteil, para 103). Es wird ausdrücklich gesagt, dass Ausgangspunkt der Prüfung die Auslegung im Lichte der Regeln der WVRK ist (ECHR 2004, Hassan-Urteil, para 100). Nach Art. 31 Abs. 3 lit. c WVRK muss die Auslegung einer anwendbaren Norm unter Berücksichtigung anderer relevanter Normen erfolgen. Ziel ist stets eine Harmonisierung durch Auslegung, die möglich ist, solange die Normen nicht in Konflikt zueinanderstehen und keine Wertungswidersprüche bestehen. Im Hassan-Urteil wurde die harmonisierende weite Auslegung des Art. 5 EMRK als möglich erachtet, ein Konflikt mit den anwendbaren Regelungen des humanitären Völkerrechts verneint und eine Übereinstimmung mit menschenrechtlichen Standards angenommen.[2] Der Effekt ist die Festigung des Menschenrechtsregimes gegenüber dem humanitären Völkerrecht (ECHR 2004, Hassan-Urteil, para 106).

6 Die Anwendung des humanitären Völkerrechts als *lex specialis* ohne scharfe Abgrenzung zu den Menschenrechten

Die humanitär-völkerrechtlichen Bestimmungen regeln den speziellen Schutz von Zivilpersonen. Dies geschieht zusammen mit einem Recht auf Schädigung des Gegners, sodass eine Abwägung

---

2 Allerdings gab es unter den Richterinnen und Richtern auch die Auffassung, dass die weite Auslegung die Grenzen der Harmonisierung überschreitet und eine Derogation im Nachhinein nicht von der EMRK gedeckt ist. (Hassan-Urteil, para 101).

zwischen militärischer Notwendigkeit der Handlungen und humanitärem Schutz erforderlich ist (vgl. von Arnauld 2016, S. 524 RN 1165). Hinzu kommt der Schutz durch Menschenrechte, wobei scharfe Abgrenzungen zur Heranziehung der jeweiligen Normen der beiden Rechtsmaterien, wie die Praxis zeigt, nicht möglich sind (siehe oben Abschnitt 5.).

Im Atomwaffen-Gutachten versucht der IGH, mögliche Konflikte zwischen Menschenrechten und humanitärem Völkerrecht aufzulösen, indem er Art. 6 IPBPR mit dem Verbot, dass niemand willkürlich seines Lebens beraubt werden darf, heranzieht und in diesem Kontext in bewaffneten Konflikten anwendbares Recht aus dem humanitären Völkerrecht nennt. Der IGH bescheinigt dem humanitären Völkerrecht zwar Vorrang im Sinne des *lex specialis*, fordert aber, Art. 6 IPBPR nach humanitärem Völkerrecht auszulegen. Damit bringt er zum Ausdruck, dass Art. 6 gerade nicht verdrängt wird, sondern humanitär-völkerrechtliche Regelungen für die Auslegung des Art. 6 heranzuziehen sind (vgl. Salomon 2015, S. 155). Mögliche Rangunterschiede zwischen den Normen beider Rechtsmaterien werden auf diese Weise nivelliert.

In der Literatur ist die Auffassung, dass das humanitäre Völkerrecht *lex specialis* gegenüber den Menschenrechten darstellt, noch vorherrschend (Schäfer 2006, S. 35ff.). Allerdings sind die Begründungen unterschiedlich. Überwiegend wird der *lex specialis*-Grundsatz als Auslegungsregel betrachtet, obgleich diese nicht zwingend zum Vorrang einer Norm führt. Internationale Institutionen haben dazu eine differenziertere Sicht. Die Studiengruppe der Internationalen Rechtskommission bei den Vereinten Nationen weist darauf hin, dass der *lex specialis*-Grundsatz in der Theorie überzeugend sein kann, sich aber in der Praxis kaum als durchführbar erweist (Bericht der Studiengruppe der International Law Commission 2004, Abs. 91). Zudem sieht die Kommission weder die Notwendigkeit noch die Möglichkeit stets zu entscheiden, ob die Regel in Gestalt der Auslegungs- oder der Konfliktlösungsregel heranzuziehen ist (Bericht der Studiengruppe der International Law Commission 2004, Abs. 92). Normkollisionen können – und das zeigen nicht nur das Verhältnis des humanitären Völkerrechts und des Menschenrechtsschutzes, sondern auch alle anderen aufeinander einwirkenden Normen des Völkerrechts – weithin durch Auslegung vermieden werden, weil diese nicht zueinander antagonistisch angelegt wurden. Eine Grenzziehung zwischen den Normen des humanitären Völkerrechts und den Menschenrechten ist auch insofern nicht oder nicht immer möglich, als die Regelungen der Genfer Abkommen und des ZP I nicht ausschließlich während bewaffneter Konflikte geltende Verpflichtungen enthalten, sondern sich auch auf „Friedenszeiten" (Art. 2 Abs. 1 I.-IV. Genfer Abkommen) beziehen oder „jederzeit" (Art. 3 ZP I) gelten. Ausdrücklich auf bewaffnete Konflikte erstrecken sich einige menschenrechtliche Vorschriften, wie Art. 1 und 2 Fakultativprotokoll Nr. 2 zum IPBPR zur Abschaffung der Todesstrafe. So ist auch in Kriegszeiten oder aufgrund einer Verurteilung wegen eines in Kriegszeiten begangenen besonders schweren Verbrechens die Todesstrafe verboten. Das Protokoll Nr. 13 EMRK zur vollständigen Abschaffung der Todesstrafe verweist darauf, dass das Protokoll Nr. 6 die Todesstrafe für in Kriegszeiten oder bei unmittelbarer Kriegsgefahr begangenen Taten noch nicht ausgeschlossen hat und dies nunmehr umfassend gilt. Art. 38 Kinderrechtskonvention verpflichtet die Vertragsstaaten, das humanitäre Völkerrecht, das für das Kind Bedeutung hat, zu beachten und für dessen Beachtung zu sorgen (Abs. 1) und von einem bewaffneten Konflikt betroffene Kinder im Einklang mit dem humanitären Völkerrecht zu schützen und zu betreuen (Abs. 4).

Weder wird das Anliegen des humanitären Völkerrechts noch das des Menschenrechtsschutzes von der jeweils anderen Rechtsmaterie infrage gestellt. Im humanitären Völkerrecht gibt es vereinzelte Regelungen in Gestalt von Rechten oder Befugnissen beziehungsweise Erlaubnissen, die gleichzeitig Eingriffe in Menschenrechtsabkommen darstellen. Dazu gehören das Recht des Gewahrsamsstaates zur Internierung von Kriegsgefangenen (Art. 21 Abs. 1 S. 1 III. Genfer Abkommen), das Ergreifen von Kontroll- und Sicherheitsmaßnahmen, die sich infolge eines bewaffneten Konflikts als notwendig erweisen (Art. 27 Abs. 4 IV. Genfer Abkommen), das Recht der Besatzungsmacht auf teilweise Räumung eines Gebiets zur Sicherheit der Bevölkerung (Art. 49 Abs. 2 IV. Genfer Abkommen) und die Regelung des Art. 78 Abs. 1 IV. Genfer Abkommen, wonach geschützten Personen höchstens Zwangsaufenthalt auferlegt werden oder eine Internierung erfolgen kann, wenn zwingende militärische Gründe dies erfordern (vgl. Johann 2012, S. 192). Es finden sich für die Konfliktparteien in den Menschenrechtsabkommen keine Verbote, die die Anwendung humanitär-rechtlicher Regeln betreffen oder zu der Konsequenz führen, dass verbürgte Freiheiten und Rechte dabei verletzt werden. Die genannten Bestimmungen des humanitären Völkerrechts können insoweit als Ausnahmeregelungen begriffen werden, die den Handlungsrahmen des Staates beschränken (vgl. Johann 2012, S. 213). Als eine Möglichkeit zur Zurückdrängung von Gewalt und von militärischer Friedenssicherung werden Polizeioperationen im Rahmen der Friedensmissionen gesehen, wenn diese als *Just Policing*, das heißt als gerechtes polizeiliches Handeln einzuordnen sind (vgl. Schlabach 2011, S. 66). Damit würde Gewalt auf Zwangsausübung reduziert und Kollateralschäden würden verhindert oder mindestens begrenzt werden. Anders als militärische Einsätze werden Polizeieinsätze als Mittel begriffen, der Gewalt in internationalen Konflikten entgegenzutreten. Unter der Voraussetzung eines *Just Policing* werden Polizeimissionen als ethisch legitim betrachtet (EKiBa 2013, S. 10).

Die Friedensmissionen der Vereinten Nationen werden mit militärischen und polizeilichen Mitteln durchgeführt. Wolfgang Schulenberg (2019, S. 71) betrachtet beides als erforderlich und spricht von der Notwendigkeit einer „sorgfältigen Orchestrierung aller staatlichen Instrumente zur Konfliktprävention und Krisenbewältigung", um wirkungsvoll gegen alle Formen der Gewalt vorzugehen. Dabei kann *Just Policing* als eine schrittweise zu verstärkende Variante, aber (noch) nicht als Alternative zur militärischen Konfliktlösung angesehen werden. Internationale Polizeimissionen haben aktuell vor allem die Aufgabe, Polizei- und Sicherheitskräfte in Krisenländern zu unterstützen. Die Mandate der Vereinten Nationen umfassen bloße Beobachtermissionen, aber auch friedenserhaltende (*Peacekeeping*) und friedenserzwingende Maßnahmen (*Peacemaking*). Bei friedenserzwingenden Maßnahmen ist militärische Gewaltanwendung eingeschlossen. Während in Polizeieinsätzen das Töten entsprechend der Menschenrechtsabkommen grundsätzlich nur auf Ausnahmen zur Rettung Unschuldiger begrenzt ist, wird tödliche Gewalt gegenüber Kombattanten nach humanitärem Völkerrecht unter Einhaltung des Verhältnismäßigkeitsgrundsatzes erlaubt. Die Einsatzmittel der Polizei sind bei internationalen Einsätzen begrenzt: die Polizei ist mit Schusswaffen ausgestattet, die auf einzelne Personen gerichtet sind und im Vergleich zu militärischen Mitteln nur eingeschränkt wirken, sodass auch Kollateralschäden, anders als bei militärischen Einsätzen, ausgeschlossen sind. Je mehr, so die Schlussfolgerung, militärische Einsätze durch Polizeieinsätze zurückgedrängt und ersetzt werden, umso mehr kann militärische Gewaltanwendung reduziert und „die Schwelle der militärischen ultima ratio" verschoben werden (vgl. Werkner 2017, S. 889).

Für die internationale Ebene finden sich im Rahmen der Vereinten Nationen zahlreiche Dokumente, die als Signale für eine Priorisierung der Polizeieinsätze gewertet werden können. Die

Resolution des Sicherheitsrates 2185 aus dem Jahr 2014 über die Polizeiarbeit der Vereinten Nationen kann als Initialzündung für die Umsetzung eines Konzepts für umfassende Präventions-, Sicherungs- und Konsolidierungsmaßnahmen durch Polizeimissionen gelten (UN Doc. S/RES/2185). Die jüngste Resolution des Sicherheitsrates zur Polizeiarbeit der Vereinten Nationen von 2017 (UN Doc. S/RES/2382) geht noch weiter und weist den Weg zu einer Stärkung der Polizeieinsätze, wenn Polizeikomponenten der Vereinten Nationen den Übergang von der Friedenssicherung zur Friedenskonsolidierung ermöglichen und die „improved performance of the United Nations can contribute to successful exit strategies of peacekeeping missions" (Präambel, para 8).

7   Schluss

Die anhand der Dokumente internationaler Organe und Gremien erörterte völkerrechtliche Praxis zeigt vielfältige Interaktionen zwischen menschenrechtlichen und humanitär-völkerrechtlichen Regelungen bei bewaffneten Konflikten (vgl. Orakhelashvili 2008, S. 175). Menschenrechtliche Bestimmungen werden zur Lückenfüllung des humanitären Völkerrechts benutzt, ergänzen es durch vertraglich vereinbarte Menschenrechte (vgl. Kälin 1994, S. 26) und sind nach dessen Maßgaben und unter den besonderen Voraussetzungen und Bedingungen bewaffneter Konflikte anzuwenden. Mehr und mehr werden die Menschenrechte im bewaffneten Konflikt wie Normen des humanitären Völkerrechts herangezogen. Es besteht Komplementarität und keine Rangordnung bei den anzuwendenden Regeln beider Rechtsmaterien. Aufgrund der mannigfaltigen komplementären Anwendung ist eine Tendenz zur Konvergenz beider Rechtsmaterien in der Weise festzustellen, als sich beide Rechtsmaterien unter dem gemeinsamen Maßstab des allgemeinen Völkerrechts und durch das Instrument der Auslegung mehr und mehr einander annähern. Daniel Thürer (2009, S. 666) spricht von einem „Zug zur Konvergenz des humanitären Völkerrechts mit den Menschenrechten". Dabei ist durchaus eine voranschreitende Überlagerung der Normen beider Rechtsmaterien zu erkennen, wobei diese aber ihre Eigenständigkeit behalten (vgl. Heintze 2015, S. 150).[3] Mit der Turku-Deklaration (1990) wird von Seiten der Wissenschaft eine Annäherung beider Rechtsmaterien durch Normensynthese erstrebt, speziell für Gewaltanwendungen in innerstaatlichen Konflikten ein humanitärer Mindeststandard entwickelt und nahegelegt, diesen auch bei Überschreitung der Grenze vom innerstaatlichen zum internationalen Konflikt komplementär anzuwenden.

Die Derogationsklauseln des Art. 4 Abs. 1 IPBPR und Art. 15 Abs. 1 EMRK sind grundsätzlich heranzuziehen. Danach ist es auch möglich, diese so weit auszulegen, dass die Bedrohung des „Lebens einer Nation" hinsichtlich der Kriegshandlungen selbst nicht immer gegeben ist, denn nicht jeder bewaffnete Konflikt stellt eine solche Bedrohung dar. Nur dann, wenn bewaffnete Konflikte das Leben der Nation bedrohen, ist ein Abweichen von menschenrechtlichen Verpflichtungen bei Kriegshandlungen zulässig. Dies ist in jedem Einzelfall zu ermitteln (vgl. Krieger 2002, S. 690). Zu bedenken ist, dass gerade bewaffnete Konflikte, die Staaten außerhalb ihres Hoheitsgebiets führen oder an denen sie beteiligt sind, keine Bedrohung der eigenen Nation darstellen. Durch die Tatsache, dass die EMRK und der IPBPR bereits Beschränkungen der in den Abkommen geschützten Rechte bei internationalen Konflikten durch die so zu interpretierenden öffentlichen Notstandsklauseln enthalten, werden die in den Menschenrechtsabkommen geschütz-

---

3   Ein vom Autor ebenfalls angenommener „Prozess der Verschmelzung" der beiden Rechtsmaterien ist indes nicht nachweisbar (S. 149).

ten Rechte nicht durch Regelungen des humanitären Völkerrechts verdrängt, sondern durch die Menschenrechtsabkommen selbst beschränkt. Normenkonflikte zwischen menschenrechtlichen Normen und Normen des humanitären Völkerrechts bestehen in der Praxis grundsätzlich nicht. Es existieren keine Bestimmungen des humanitären Völkerrechts, die quasi als Erlaubnisnormen in Menschenrechte eingreifen. Die *lex specialis*-Regel greift primär als Regel der Auslegung der Menschenrechte im Lichte des humanitären Völkerrechts und nicht als Regel zur Konfliktlösung. Die Verpflichtungen aus dem IPBPR und der EMRK bestehen auch in bewaffneten Konflikten weiter; beide Materien haben einen gemeinsamen Anwendungsbereich. Die Tendenz, neben dem humanitären Völkerrecht auch Menschenrechte in bewaffneten Konflikten anzuwenden, bedeutet eine Ausprägung des Menschenrechtsschutzes und größeren Individualschutz nach humanitärem Völkerrecht.

Literatur

Arnauld von, Andreas. 2016. *Völkerrecht*. Heidelberg: C. F. Müller Verlag.
Bericht der Studiengruppe der International Law Commission. 2004. Berichterstatter Martii Koskenniemi. Fragmentation of International Law. Difficulties Arising from the Diversification and Expansion of International Law. UN Doc. A/CN.4/L.682.
Borelli, Silvia. 2004. The Treatment of Terrorist Suspects Captured Abroad: Human Rights and Humanitarian Law. In *Enforcing International Law Norms against Terrorism*, hrsg. von Andrea Bianchi, 39–61. Oxford: Hart Publishing.
Bothe, Michael. 2004. The Historical Evolution of International Humanitarian Law, International Human Rights Law, Refugee Law and International Criminal Law. In *Krisensicherung und humanitärer*

Schutz – Crisis Management and Humanitarian Protection, hrsg. von Horst Fischer, Ulrike Froissart, Wolff Heintschel von Heinegg und Christian Raap, 37–52. Berlin: Wissenschafts-Verlag.

Bothe, Michael. 2016. Friedenssicherung und Kriegsrecht. In *Völkerrecht,* hrsg. von Wolfgang Graf Vitzthum und Alexander Proelß, 596–691. 7 Aufl. Berlin: De Gruyter.

Cannizzaro, Enzo. 2014. Proportionality in the Law of Armed Conflict. In *The Oxford Handbook of International Law in Armed Conflict,* hrsg. von Andrew Clapham und Paola Gaeta, 332–344. Oxford: Oxford University Press.

Cassese, Antonio. 2008. Current Trends in the Development of the Law of Armed Conflict. In *The Human Dimension of International Law,* hrsg. von Paola Gaeta und Salvatore Zappala, 3–38. Oxford: Oxford University Press.

Crawford, Emily und Alison Pert. 2015. *International Humanitarian Law.* Cambridge: Cambridge University Press.

Dinstein, Yoram. 2016. *The Conduct of Hostilities under the Law of International Armed Conflict.* 3. Aufl. Cambridge: Cambridge University Press.

Droege, Cordula. 2008. Elective Affinities? Human Rights and Humanitarian Law. *International Review of the Red Cross* 90 (871): 501–548.

Dunant, Jean-Henry. 2012 [1862]. *Un souvenir de Solférino.* Charleston, SC: Nabu Press.

European Court of Human Rights (ECHR). 2001. *Bankovic v. Belgium,* Appl. No. 52207/99.

European Court of Human Rights (ECHR). 2014. *Hassan v. The United Kingdom,* Appl. No. 29750/09.

Evangelische Kirche in Baden (EKiBa). 2013. *„Richte unsere Füße auf den Weg des Friedens" – ein Diskussionsbeitrag aus der Evangelischen Landeskirche in Baden.* Karlsruhe: EKiBa.

Grignon, Julia. 2014. The Beginning of Application of International Humanitarian Law. *International Review of the Red Cross* 96 (893): 139–162.

Haedrich, Martina. 2011. Friedensgebot und Grundgesetz. In *Handbuch Frieden,* hrsg. von Hans Joachim Gießmann und Bernhard Rinke, 336–346. Wiesbaden: VS Verlag für Sozialwissenschaften.

Haedrich, Martina. 2018. Universalität der Menschenrechte aus völkerrechtlicher Perspektive. In *Eine Theologie der Menschenrechte. Frieden und Recht,* hrsg. von Sarah Jäger und Friedrich Lohmann, 141–163. Wiesbaden: Springer VS.

Hampson, Francoise. 2008. The relationship between international humanitarian law and human rights law from the perspective of a human rights treaty body. *International Review of the Red Cross* 90 (871): 549–572.

Heintze, Hans-Joachim. 2015. Veränderungen im Verhältnis von Humanitärem Völkerrecht und Menschenrechtsschutz. *Humanitäres Völkerrecht – Informationsschriften* 28 (4): 149–153.

Heinz, Wolfgang S. und Nato Abesadze. 2015. Menschenrechtsschutz in bewaffneten Konflikten. Zur Berichterstattung des Hochkommissariats für Menschenrechte der Vereinten Nationen. *Humanitäres Völkerrecht – Informationsschriften* 28 (4): 163–171.

Henckaerts, Jean-Marie und Louise Doswald-Beck. 2005. *Customary International Humanitarian Law. Cambridge,* Vol I. International Committee of the Red Cross. Cambridge: Cambridge University Press.

Herdegen, Matthias. 2018. *Völkerrecht.* 17. Aufl. München: Beck Verlag.

Hoppe, Thomas und Ines-Jacqueline Werkner. 2017. Der gerechte Frieden: Positionen in der katholischen und evangelischen Kirche in Deutschland. In *Handbuch Friedensethik,* hrsg. von Ines-Jacqueline Werkner und Klaus Ebeling, 343–359. Wiesbaden: Springer VS.

ICJ Reports. 1949. Corfu Channel Case. 242–265.

ICJ Reports. 1996. Legality of the Threat or Use of Nuclear Weapons. 226–267.

ICJ Reports. 2004. Legal Consequences of the Construction of a Wall in the Occupied Palestinian Territory. 136–203.

ICJ Reports. 2005. Case Concerning Armed Activities on the Territory of the Congo. 168–283.

Jäger, Sarah. 2018. Recht in der Bibel und in kirchlichen Traditionen. Einführung. In *Recht in der Bibel und in kirchlichen Traditionen,* hrsg. von Sarah Jäger und Arnulf von Scheliha, 1–14. Wiesbaden: Springer VS.

Johann, Christian. 2012. *Menschenrechte im internationalen bewaffneten Konflikt.* Berlin: Berliner Wissenschafts-Verlag.

Kahn, Jeffrey. 2016. "Protection and Empire": The Martens Clause, State Sovereignty and Individual Rights. *Virginia Journal of International Law* 56 (1): 1–50.

Kälin, Walter. 1994. *Human Rights in Times of Occupation: The Case of Kuwait.* Bern: Stämpfli Verlag.

Kielmansegg von, Sebastian Graf. 2014. Der Zivilist in der Drehtür – Probleme der Statusbildung im humanitären Völkerrecht. *JuristenZeitung* 69 (8): 373–381.

Kreß, Claus. 2014. Der Bürgerkrieg und das Völkerrecht. *JuristenZeitung* 69 (8): 365–373.

Krieger, Heike. 2002. Die Verantwortlichkeit Deutschlands nach der EMRK für seine Streitkräfte im Auslandseinsatz. *Zeitschrift für ausländisches und öffentliches Recht und Völkerrecht* 62: 669–702.

Melzer, Nils. 2010. Keeping the Balance between Military Necessity and Humanity. A response to Four Critiques of the ICRC`s Interpretive Guidance on the Notion of direct Participation in Hostilities. *N.Y. University Journal of International Law and Politics* 42 (3): 831–916.

Melzer, Nils. 2016. *International Humanitarian Law: A Comprehensive Introduction. International Committee of the Red Cross*. Genf: ICRC.

Menschenrechtsausschuss. 2001. General Comment No. 29, UN Doc. CCPR/C/21/Rev.1/Add 11, vom 31.8. 2001.

Menschenrechtsausschuss. 2004. General Comment No. 31, UN Doc. CCPR/C/21/Rev. 1/Add. 13, vom 26.5. 2004.

Meron, Theodor. 2000. The Humanization of Humanitarian Law. *American Journal of International Law* 94 (1): 239–278.

Oeter, Stefan. 2013. Means and Methods of Combat. In *The Handbook of International Humanitarian Law,* hrsg. von Dieter Fleck, 115–230. 3. Aufl. Oxford: Oxford University Press.

Orakhelashvili, Alexander. 2008. The Interaction between Human Rights and Humanitarian Law. Fragmentation, Conflict, Parallelism or Convergence? *European Journal of International Law* 19 (1): 161–182.

Pfisterer, Valentin. 2011. Gibt es den gerechten Krieg? Der Topos des gerechten Krieges in Vergangenheit, Gegenwart und Zukunft. *Studentische Zeitschrift für Rechtswissenschaft* 1: 53–84.

Salomon, Tim Rene. 2015. Zum Verhältnis von Menschenrechten und Humanitärem Völkerrecht: Normative und methodische Grundlagen. *Humanitäres Völkerrecht – Informationsschriften* 28 (4): 153–162.

Schäfer, Bernhard. 2002. Der Fall Bankovic oder Wie eine Lücke geschaffen wird. MRM-MenschenRechtsMagazin 8 (3): 149–163.

Schäfer, Bernhard. 2006. *Zum Verhältnis Menschenrechte und humanitäres Völkerrecht*. Potsdam: Verlag der Universität Potsdam.

Schlabach, Gerald W. 2011. „Just Policing" – Die Frage nach (De-)Legitimierung des Krieges muss nicht kirchentrennend bleiben. Lernerfahrungen aus dem mennonitisch-katholischen Dialog. *Ökumenische Rundschau* 60 (1): 66–79.

Schmahl, Stefanie. 2001. Der Menschenrechtsschutz in Friedenszeiten im Vergleich zum Menschenrechtsschutz im Krieg in *Humanitäres Völkerrecht,* hrsg. von Jana Hasse, Erwin Müller und Patricia Schneider, 41–77. Baden-Baden: Nomos Verlag.

Schulenberg, Wolfgang. 2019. Das Dogma von der Ethik des Gewaltverzichts. In *Rechtserhaltende Gewalt – zur Kriteriologie,* hrsg. von Ines-Jacqueline Werkner und Peter Rudolf, 59–74. Wiesbaden: Springer VS.

Thürer, Daniel. 2009. Kriegerische Gewalt und „Rule of Law" – Einführende Bemerkungen zum humanitären Völkerrecht. In *Völkerrecht als Fortschritt und Chance,* 659–677. Zürich und St. Gallen: Dike Verlag.

Tomuschat, Christian. 2010. Human Rights and International Humanitarian Law. *European Journal of International Law* 21 (1):15-23.

Turku Declaration. 1990. Declaration of Minimum Humanitarian Standards. Adopted by an expert meeting convened by the Institute for Human Rights. Finnland, 2. Dezember 1990. UN Doc. E/CN.4/Sub 2/1991/55.

UN Doc. S/RES/2185 vom 20. November 2014.

UN Doc. S/RES/2382 vom 6. November 2017.

Werkner, Ines-Jacqueline. 2017. Just Policing – ein neues Paradigma? In *Handbuch Friedensethik,* hrsg. von Ines-Jacqueline Werkner und Klaus Ebeling, 881–889. Wiesbaden: Springer VS.

Vöneky, Silja. 2001. *Die Fortgeltung des Umweltvölkerrechts in internationalen bewaffneten Konflikten.* Berlin: Springer Verlag.

Menschenrechte und humanitäres Völkerrecht
Harmonisierung, Überlagerung, Spannungslinien?

Wolfgang S. Heinz

1 Einleitung

Das Verhältnis zwischen humanitärem Völkerrecht (HVR) und internationalem Menschenrechtsschutz hat in den letzten Jahren zunehmend Aufmerksamkeit auf sich gezogen. Dies ist aus mindestens drei Gründen wissenschaftlich wie politisch von wachsender Bedeutung. Die Hauptfrage, wie weit Normen des Menschenrechtsschutzes und des HVR übereinstimmen, scheint zunächst einfach zu beantworten zu sein, da es unbestrittenermaßen einen gemeinsamen Kernbestand gibt. Das traditionelle Verständnis, dass in einer Situation bewaffneten Konfliktes (früher: Krieg) nur HVR gelten würde, ist heute überwiegend der Auffassung gewichen, dass Menschenrechte weiter gelten. Was das aber in einer konkreten Situation bedeutet, ist gleichwohl nicht besonders klar, denn es ist zu klären, in welchem Umfang dann welche Menschenrechte gelten und wie gegebenenfalls Normkonflikte zwischen beiden aufgelöst werden.

Die Antwort auf eine dritte, noch interessantere Frage – weil es ja um den Schutz von Menschen in der Praxis geht –, wieweit sich

Staaten, besonders auch westliche Regierungen, an das Völkerrecht halten, ist schon schwieriger. Im Zeitalter der Bekämpfung des internationalen Terrorismus, vor allem des so genannten Islamischen Staates und von Al-Kaida, bleiben viele relevante staatliche Handlungen des Militärs und der Geheimdienste im Dunkeln und selbst parlamentarische Untersuchungsausschüsse haben erhebliche Probleme, das Handeln der eigenen Regierung nachzuvollziehen, wenn man etwa an die Dimensionen wie politische Verantwortung, Zurechnung zu Regierungshandeln, den Zugang zu Daten über disziplinarische und strafrechtliche Untersuchungen, Fehler und Straftaten von Sicherheitsbehörden und auch das staatliche Handeln in Drittländern denkt.

Dieser Beitrag muss sich auf einige Aspekte des Verhältnisses zwischen internationalem Menschenrechtsschutz und HVR beschränken. Im nächsten Abschnitt werden einige grundsätzliche Charakteristika des Verhältnisses zwischen Menschenrechten und dem humanitären Völkerrecht (HVR) umrissen (vgl. auch den Beitrag von Martina Haedrich in diesem Band). Im dritten und vierten Teil werden zwei Themen genauer betrachtet, bei denen sich Schutzumfang und Schutzintensität während des bewaffneten Konflikts erheblich unterscheiden, das so genannte Recht zu Töten (Schädigung des Gegners) und das Festhalten von Menschen ohne Anklage oder Gerichtsverfahren. Abschließend werden zentrale Erkenntnisse zusammengefasst. In diesem Rahmen kann es nicht um eine umfassende rechtsdogmatische Erörterung gehen, sondern es werden exemplarisch einige Probleme in den Blick genommen, die auch in Zukunft rechtlich und politisch eine wichtige Rolle spielen dürften.[1]

---

1 Ich danke Mitgliedern der Arbeitsgruppe 3 Frieden durch Recht? des Konsultationsprozesses Orientierungswissen zum gerechten Frieden bei der FEST Heidelberg für wichtige Anregungen.

2 Menschenrechte und humanitäres Völkerrecht. Einleitende Bemerkungen

Im HVR wird mit Blick auf die Intensität von Gewalt in einem Staat zwischen drei Situationen unterschieden, die ersten beiden werden bezeichnet als *normal peacetime conditions* und innere Unruhen, so genannte *internal disturbances* (zum Verhältnis zwischen den Menschenrechten und dem HVR vgl. Heintze und Ipsen 2011, Heinz 2014a, Heintze 2015, Bothe 2015, Salomon 2015. Handbücher: Fleck 1994, Fleck 2013a). Während der ersten beiden Situationen gelten die Menschenrechte. Nur bei der dritten, dem bewaffneten Konflikt, kommt das HVR zur Anwendung.

> „Die Anwendung des humanitären Völkerrechts (Kriegsvölkerrecht) ist an die Existenz eines bewaffneten Konflikts gebunden, der – in Abgrenzung zu sporadischen Gewalttaten, inneren Unruhen oder Tumulten – bestimmte Kriterien erfüllen muss (Intensität der gewaltsamen Auseinandersetzung, Organisationsstruktur sowie Gebietskontrolle der beteiligten Akteure und deren Fähigkeit zu anhaltenden kontinuierlichen Kampfhandlungen)" (Wissenschaftliche Dienste des Deutschen Bundestages 2016, S. 4).

Da es sich beim HVR schon um einen Notstand handelt, gibt es weniger und eingeschränktere Schutzstandards, aber keine Derogation (Notstand, Ausnahmezustand oder ähnliches) als im Menschenrechtsschutz, in dem es eine große Zahl von Rechtsnormen gibt, von denen aber nur wenige als absolute Rechte bestimmt sind, wie das Verbot von Folter und Sklaverei. In der Mehrzahl sind Menschenrechte unter Beachtung bestimmter Kriterien einschränkbar, dazu zählen etwa der Schutz der nationalen Sicherheit, der öffentlichen Ordnung oder der Volksgesundheit (etwa im UN-Zivilpakt von 1966, Art. 19 (3)b, Meinungsfreiheit). Einschränkungen der meisten Menschenrechte sind zum Teil im Standard selbst und stärker noch im Ausnahmezustand möglich, etwa im UN-Zivilpakt, Art. 4 und in der Europäischen Menschenrechtskonvention, Art. 15. Sie müssen aber einem im entsprechenden Vertrag bestimmten Verfahren folgen.

2.1 Internationaler Menschenrechtsschutz

Rechtsnormen

Es gibt neun zentrale UN-Abkommen mit weiteren Zusatzprotokollen und viele weitere rechtlich nicht verbindliche Empfehlungen, etwa Resolutionen der UN-Generalversammlung und des UN-Menschenrechtsrates, die als politische Empfehlungen zu verstehen sind, aus denen sich jedoch häufiger Vertragsrecht entwickelt. In den Resolutionen und Verträgen ist die Rede von Rechten meist des Individuums, manchmal von Gruppen (beispielsweise Minderheiten) und selten von Völkern.

Beobachtung der Lage in den Ländern und Diskussion von Menschenrechtsthemen

Wenn sich Staaten zur Einhaltung von (spezifischen) Menschenrechten bekannt haben, besonders wenn sie entsprechende Verträge ratifiziert haben, ist es wichtig, ihr Handeln in der Umsetzung zu beobachten, zu bewerten und auch Empfehlungen auszusprechen. Im Rahmen der Vereinten Nationen geschieht dies meist durch ehrenamtliche Expertinnen und Experten sowie Arbeitsgruppen, die vom UN-Menschenrechtsrat gewählt werden – im Jahre 2018 waren es rund sechzig Sonder- und Konferenzverfahren. Weiter gibt es zehn Vertragsorgane, Expertenausschüsse, unter den neun Menschenrechtsverträgen (im Fall der Folter gibt es zwei Organe), deren Mitglieder von den Vertragsstaaten bestimmt werden. Schließlich berichtet das UN Hochkommissariat für Menschenrechte (OHCHR) zu Ländern und zu Themen, meist im Auftrag des Rates, manchmal aber auch auf Eigeninitiative hin (www.ohchr.org, zu dessen Arbeit Heinz und Homburger 2015 sowie Heinz und Abesadze 2015).

Kritisiert wird beim Rat besonders im Westen, der sich in einer Minderheitenposition befindet, vielfach die politisierte Diskussion – manchmal auch einfach nur der politische Charakter des Menschenrechtsrats (vgl. Heinz 2016). Von 47 Mitgliedern des Rats gehören sieben zur Gruppe der westlichen Länder (gleichwohl unterstützen einige andere Staaten häufig westliche Positionen, etwa Südkorea und Japan). Jeweils dreizehn sind asiatische und afrikanische Länder, acht vertreten Lateinamerika und Karibik sowie sechs Osteuropa. Die Positionierung der Staaten erfolgt häufig nach ihren außenpolitischen Interessen. Der Rat unterscheidet sich von anderen UN-Gremien durch die besonders starken Beteiligungsmöglichkeiten der Zivilgesellschaft. Auch gibt es kein Veto wie im Sicherheitsrat. Beschlüsse treffen die von der Generalversammlung in den Rat gewählten Regierungen.

Durchsetzung der Rechtsnormen

Im Rahmen der UN gibt es zahlreiche Beschwerdemechanismen für Betroffene von Menschenrechtsverletzungen, aber keinen internationalen Menschenrechtsgerichtshof. Regional existieren Systeme mit Gerichten in Afrika, Europa und dem Interamerikanischen System, jedoch mit unterschiedlichen Befugnissen und Chancen, von den Regierungen gehört zu werden. Beschwerden und Klagen richten sich im Menschenrechtsschutz gegen den Staat, bei Strafgerichtshöfen gegen Individuen.

2.2 Humanitäres Völkerrecht

Rechtsnormen

Das HVR spricht in seinen Verträgen nicht von Rechten des Einzelnen, sondern von *Schutzstandards* für Menschen. Unterschieden wird zwischen Haager (Kriegsführung und Waffen) und Genfer Recht (Geschützte Gruppen). Das HVR verfügt über einen breiten Normenkanon, der sich jedoch vor allem auf den internationalen Konflikt bezieht, bei geschützten Personen sind dies vor allem die vier Genfer Konventionen und das I. Zusatzprotokoll zu den Genfer Konventionen. Es gibt nur wenige Normen für den heute weit verbreiteten nicht-internationalen bewaffneten Konflikt, mit Normen im Gemeinsamen Art. 3 der Genfer Konventionen und dem I. Zusatzprotokoll, Art. 75 (Überblick bei Fleck 2013b). Inwieweit die Genfer Normen für den internationalen Konflikt weitgehend oder insgesamt auch für den nicht internationalen Konflikt gelten, ist strittig. Das HVR teilt Menschen in bestimmte Kategorien ein, denen jeweils ein bestimmter Schutz zugesprochen wird. Zentral ist die Unterscheidung zwischen Kombattanten, das heißt identifizierbare Kämpfer einer Konfliktpartei und Zivilisten mit kontinuierlicher Kampf- und Unterstützungsfunktion für eine Konfliktpartei (vgl. Melzer 2012), die geschädigt werden dürfen, und andererseits der Zivilbevölkerung, die zu schonen ist. Jedoch ist abzuwägen zwischen militärischem Nutzen und „Opfern" in der Zivilgesellschaft, dem so genannten Kollateralschaden (vgl. kritisch Gillner 2014). Die entsprechende Dienstvorschrift des Bundesministeriums der Verteidigung lautet:

> „Angriffe auf militärische Ziele sind verboten, wenn mit Verlusten an Menschenleben unter der Zivilbevölkerung, der Verwundung von Zivilpersonen, Schäden an zivilen Objekten oder mehreren derartigen Folgen zusammen zu rechnen ist, die in keinem Verhältnis zum erwarteten konkreten und unmittelbaren militärischen

Vorteil stehen, sog. Exzessverbot […]. Bei einem Angriff auf ein militärisches Ziel sind alle praktisch möglichen Vorkehrungen zu treffen, um Verluste unter der Zivilbevölkerung, die Verwundung von Zivilpersonen und die Beschädigung ziviler Objekte, die dadurch mit verursacht werden können, zu vermeiden und in jedem Fall auf ein Mindestmaß zu beschränken" (Bundesministerium der Verteidigung 2016, Nr. 512, 513).

Beobachtung der Lage in den Ländern

Öffentlich zugängliche konflikt- oder länderbezogene Beobachtungsmechanismen spielen kaum eine Rolle. Zwar existiert eine Internationale Humanitäre Ermittlungskommission mit Sitz in Genf, mit Thilo Marauhn als Vorsitzendem, sie wurde aber bisher nur ein einziges Mal für eine forensische Untersuchung der Ukraine (Tod zweier Mitarbeiter des OSZE) angefordert. Voraussetzung für ihren Einsatz ist die Zustimmung der beteiligten Konfliktparteien. Staaten sind also nicht Gegenstand von Untersuchung, Monitoring, Kritik oder Verurteilung wie im Menschenrechtsschutz. Es gibt keine HVR-Organe für eine öffentliche Berichterstattung. Das Internationales Komitee vom Roten Kreuz (IKRK) arbeitet vertraulich und wird bei Staaten vorstellig.

2012 wurden die Schweiz und das IKRK durch die Internationale Konferenz des Roten Kreuzes und Roten Halbmondes beauftragt, sich mit dem Aufbau eines Monitoring-Verfahrens zu befassen (vgl. Lang 2014). Sie trafen mit ihren Vorschlägen jedoch auf der Konferenz 2015 auf die Opposition einiger Staaten, die auch im Menschenrechtsrat zu den „schwierigen" Ländern gehören. 2016 beschloss die Konferenz, die Bemühungen fortzusetzen (ICRC Review 2016). Inzwischen wurde der Prozess ohne greifbare Ergebnisse beendet.

Darüber hinaus befassen sich nationale und internationale *Straf*gerichtshöfe mit Ermittlungen und gegebenenfalls Anklagen gegen Individuen wegen der Verletzung des HVR. Dies ist eine andere Konstellation: Nicht Staaten – wie im Menschenrechtsschutz – werden beobachtet, untersucht und zum Adressaten von Empfehlungen gemacht, sondern einzelne Menschen werden nach Grundsätzen der Strafgerichtsbarkeit angeklagt, aus Ländern, in denen sich dies als möglich erweist (zur Auswahl der Länder für Untersuchungen steht der Internationale Strafgerichtshof in manchen Ländern in der Kritik, besonders in Afrika).

Durchsetzung

In erster Linie ist die Einhaltung des HVR Verantwortung der Vertragsstaaten, das IKRK leistet Hilfe dabei. Es besucht mit Erlaubnis der Konfliktparteien Gefängnisse und andere Haftorte, arbeitet fast immer vertraulich (Berichte an die Regierungen). Es war wesentlich vor allem an der Entwicklung des Genfer Rechts beteiligt (vgl. Geiß und Zimmermann 2017). Akteure des Menschenrechtsschutzes hielten sich traditionell heraus aus der Berichterstattung zu bewaffneten Konflikten, weil Arbeitsweise und -möglichkeiten (auch Gefährdung) und anzuwendende Rechtsnormen sich von ihrer normalen Arbeit erheblich unterschieden. Seit Beginn der 1990er-Jahre wurden jedoch Menschenrechtsakteure – erinnert sei an die Kriege in Ex-Jugoslawien und den 2. Golfkrieg – zunehmend aktiv und berichten heute in breitem Umfang zu entsprechenden Ländersituationen, man denke für die UN nur an die internationalen Untersuchungskommissionen und andere Mechanismen des Rats zu Sudan, dem Gaza- und Libanonkrieg, DR Kongo, Libyen, Syrien, Nigeria (Stichwort Boko Haram), Irak (Stichwort Islamischer Staat), Myanmar und Südsudan.

2.3 Zum Vergleich zwischen Menschenrechtsschutz und humanitärem Völkerrecht

In der folgenden kurzen Betrachtung lassen sich in kursorischer Form einige Gemeinsamkeiten, Unterschiede und auch Spannungslinien zwischen den beiden Systemen identifizieren. Vorauszuschicken ist, dass es einige zentrale Begriffe des HVR nicht als Referenz im internationalen Menschenrechtsschutz gibt, etwa Kombattanten, Zivilbevölkerung, militärischer Nutzen oder zulässiger Kollateralschaden, Waffen und verbotene Waffen sowie Heimtücke. Gemeinsamkeiten ergeben sich daraus, dass das humanitäre Völkerrecht die Zivilbevölkerung schützt und jegliche Angriffe auf Zivilpersonen und zivile Objekte verbietet.

> „Zu seinen Grundregeln gehört das Prinzip der Unterscheidung: Die Konfliktparteien dürfen ihre Militäreinsätze nur gegen militärische Ziele richten. Sie müssen daher immer unterscheiden zwischen Zivilbevölkerung und Kombattanten sowie zwischen zivilen Objekten und militärischen Zielen. Das Prinzip der Unterscheidung schränkt so die Kampfmethoden und -mittel ein: Jegliche Waffen oder Strategien, die nicht gezielt gegen ein bestimmtes militärisches Objekt eingesetzt werden können, sind verboten" (Eidgenössisches Departement für auswärtige Angelegenheiten 2018).

Wichtige Themen des HVR sind unter anderem Bedeutung und Interpretation des HVR als *lex specialis* zur Beurteilung des Handelns von Konfliktparteien (vgl. Kleffner 2013, S. 71ff), die Übertragbarkeit der Schutzstandards im internationalen bewaffneten Konflikt auf den nicht-internationalen bewaffneten Konflikt und damit verbunden die Frage nach asymmetrischen Konflikten (vgl. Scheidle 2009, Cullen 2010, Hobe 2011, Fleck 2013b), Rechtspflichten – auch für bewaffnete Oppositionsgruppen (vgl. Zegveld 2002; Widdig 2016) –, Ansprache dieser Gruppen durch internationale Organisationen wie den UN-Sicherheitsrat (vgl. Heinz 2013) sowie

Prüfung der Kompatibilität von Waffensystemen mit dem HVR (vgl. Sohm 2018; zur jüngsten Entwicklung des HVR siehe auch Schöberl 2015; Bothe 2015 und Marauhn 2017). Am Rande der HVR-Diskussionen gibt es auch Stimmen, die in Frage stellen, ob es wirklich ein Recht auf Töten im Völkerrecht gibt, wie von den meisten Staaten und meistens im Völkerrecht behauptet wird, etwa Hankel 2010 und Eser 2011 (zum Kriegsbegriff kritisch äußert sich Peterke 2017).

Offene Fragen und auch Spannungslinien können sich bei folgenden Punkten ergeben, die in der Literatur zwar diskutiert, aber bisher nicht besonders klar und vor allem empiriegesättigt beantwortet wurden:

- Wer stellt fest, dass in einem Land – im ganzen Land? – ein bewaffneter Konflikt vorliegt und damit humanitäres Völkerrecht angewendet werden muss? Fast immer ist dies eine politisch brisante Frage, weil Staaten dem Gegner keine Rechte einräumen wollen. In einem bewaffneten Konflikt wird von „Konfliktpartei" gesprochen, die grundsätzlich Schädigungshandlungen in den Grenzen des HVR durchführen kann.
- Was genau bedeutet die Verpflichtung zur Unterscheidung zwischen militärischen Zielen und Zivilpersonen beziehungsweise zivilen Objekten in der Praxis, welche Kriterien kommen zur Anwendung (vgl. Oeter 2013, S. 166ff.; Mertes 2013) und wie werden diese interpretiert? Wie wird bewertet, ob der von einem Angriff zu erwartende Kollateralschaden exzessiv im Verhältnis zu dem erwarteten konkreten unmittelbaren militärischen Nutzen ist? Wer überprüft das und sind solche Entscheidungen im Nachhinein einklagbar vor einem Gericht?
- Einhaltung des HVR: Wie zeitnah und gründlich können Untersuchungen vor Ort stattfinden, wie umfassend und unabhängig werden die Ergebnisse von Militärs und Militärjuristen beurteilt

und an die militärische, politische Führung gemeldet – in der Regel geheim? Staaten stellen sich bei Kritik erfahrungsgemäß meist vor ihr Militär. Wenn Untersuchungen stattfinden, dann durch Offiziere und Militärjuristen; nur manchmal werden – eingeschränkt – Ergebnisse bekanntgegeben. Die Entscheidung über Schlussfolgerungen und Folgen für verantwortliche Offiziere treffen meist hohe Militärs beziehungsweise Militärjuristen und Verteidigungsministerien, ohne Beteiligung eines unabhängigen Gerichtes. Von Menschenrechtsexpertinnen und -experten wird dies fast durchweg als unzureichend bewertet.
- Wer außer den betroffenen Staaten selbst untersucht und beurteilt – öffentlich zugänglich? –, ob das HVR eingehalten wurde? Die Untersuchung von Staaten zum Handeln des eigenen Militärs erscheinen häufig als wenig überzeugend und parteiisch. Interessante Fälle hierzu aus den letzten 15 Jahren gibt es mindestens in den USA, Israel, NATO (Ex-Jugoslawien, Afghanistan, Libyen, Irak) und Deutschland (Ex-Jugoslawien/ NATO, Afghanistan).

Zusammenfassend lässt sich sagen, dass sich beim HVR eine Reihe von Schwächen zeigen. Es ist etwa ein unklarer Prozess festzustellen, wann bei einer Konfliktsituation in einem Land die Schwelle überschritten wird und es zur Anwendung des HVR kommt, mit anderen Worten, zur Interpretation des Kriteriums, dass ein bewaffneter Konflikt vorliegen muss, und das Fehlen einer kontinuierlichen Beobachtung und öffentlichen Berichterstattung über das Handeln von Konfliktparteien durch unabhängige Stellen, das mithin das Element einer reflektierenden Beobachtung darstellt.

Auf der Praxisseite ist zu fragen, wer Untersuchungsmandate einsetzt und wie mit Staaten verfahren wird, die sich bei Beschwerden über die Verletzung des HVR einfach vor ihr Militär stellen und Untersuchungen ablehnen. Die Erfolgsmöglichkeiten internationaler Organisationen Einfluss zu nehmen, hängen stark von der politischen und ökonomischen Position des betroffenen Staates ab, der in die Kritik geraten ist. Möglichkeiten internationaler Organisationen (IGOs), auf Staaten politischen Druck auszuüben, sind in der Regel beschränkt. IGOs untersuchen, empfehlen und beraten – ihnen werden jedoch kaum Zwangsmittel an die Hand gegeben. Es verlangt hier in der Regel nach geschickten politischen Strategien und diplomatischem Vorgehen, gleichwohl auf Untersuchungen und auf rote Linien zu bestehen und hierfür politische Unterstützung zu mobilisieren. Der internationale Umgang mit dem Einsatz chemischer Waffen in Syrien ist ein aktuelles Beispiel.

2.4 Menschenrechtsschutz und HVR: notstandsfest, derogierbar?

Es liegt nahe zu vergleichen, inwieweit Rechtsnormen des Menschenrechtsschutzes und des HVR notstandsfest angelegt sind. Das HVR ist bereits „Notstandsrecht". Fast alle Schutzstandards sind notstandsfest, ein Begriff, den es im Übrigen im HVR nicht gibt. Eine Schädigung von Verletzten oder von Kombattanten, die sich ergeben haben, *hors de combat*, also Kombattanten, die den Kampf einstellen, ist etwa verboten. Gleichwohl muss die juristische Konstruktion genauer betrachtet werden, denn Schutzstandards werden stark kontextspezifisch formuliert: Zwar sind die Normen ziemlich absolut formuliert, aber wie bereits erwähnt, ist zum Beispiel der Schutz von Zivilbevölkerung mit dem militärischen Nutzen abzuwägen und zu fragen, wie letzterer im konkreten Fall interpretiert wird. Kollateralschäden sind möglich und stellen per se keine Verletzung des HVR oder gar ein Kriegsverbrechen dar. Entscheidend sind eine Reihe von Kriterien des HVR, etwa die Frage nach dem rechtmäßigen militärischen Ziel, dem

Treffen angemessener Vorkehrungen zur Warnung der Zivilbevölkerung (vgl. hierzu Oeter 2013). Das Bundesministerium der Verteidigung schreibt in seiner zentralen Dienstanweisung zum HVR von 2016, nur Kombattanten seien nach dem humanitären Völkerrecht berechtigt, Schädigungshandlungen vorzunehmen. Hielte sich ihr Verhalten in dem vom humanitären Völkerrecht vorgegebenen Rahmen, so sei es von allen Konfliktparteien als rechtmäßig zu behandeln. Kombattanten dürften für ihre bloße Teilnahme an rechtmäßigen Kampfhandlungen nicht bestraft werden (Kombattantenimmunität). Das gelte auch, wenn der Staat, dessen Kombattanten sie waren, untergegangen ist. Handlungen, die im bewaffneten Konflikt zulässige militärische Schädigungshandlungen an Personen und Objekten des Gegners darstellten und im Auftrag eines Völkerrechtssubjekts (Staates) vorgenommen würden, wären im Frieden als Straftat verboten. Da solche Handlungen im bewaffneten Konflikt erlaubt seien, gewähre das humanitäre Völkerrecht den handelnden Staatsorganen (Kombattanten) Straffreiheit, solange sie sich an den vorgegebenen rechtlichen Rahmen hielten, insbesondere keine schweren Verletzungen des humanitären Völkerrechts beziehungsweise Kriegsverbrechen begingen, indem sie beispielsweise bei Angriffen auf ein erlaubtes militärisches Ziel excessive Kollateralschäden unter der Zivilbevölkerung verursachten (vgl. Bundesministerium der Verteidigung 2016, Nr. 321).

3   Recht auf Tötung?

3.1   Internationaler Menschenrechtsschutz

Im Menschenrechtsschutz gibt es kein Recht auf Tötung, hier verstanden als ein explizites Ziel staatlichen Handelns. Der Tod eines Menschen *kann* Folge eines polizeilichen Eingreifens zur Abwehr einer erheblichen unmittelbaren Gefahr für Leib und Leben sein. Das erfordert klare Eingriffskriterien für den Schusswaffengebrauch der Polizei im Notfall. Entscheidend ist auch ein angemessenes, praxisorientiertes Training für Gefahrensituationen in der Polizei einschließlich der Behandlung rechtlicher Aspekte (Eingriffsrecht). Bei jedem Schusswaffengebrauch der Polizei mit Todesfolge sind in Deutschland Ermittlungen der Staatsanwaltschaft vorgeschrieben.

Philip Alston fasste 2010 in seiner einflussreichen Studie zu gezielten Tötungen für den UN-Menschenrechtsrat den Erkenntnisstand zusammen: Danach sei eine Tötung durch Organe des Staates nur dann rechtmäßig, wenn sie notwendig ist, um Menschenleben zu schützen (in diesem Fall sei die Anwendung tödlicher Gewalt verhältnismäßig) und wenn Lebensgefahr durch kein anderes Mittel, beispielsweise Gefangennahme oder Handlungsunfähigmachen ohne Tötung, abgewendet werden könne (in welchem Fall die Anwendung tödlicher Gewalt notwendig sei). Durch das Gebot der Verhältnismäßigkeit werde das zulässige Maß der Gewalt je nach der Bedrohung, die von dem Verdächtigen für andere ausgeht, begrenzt. Das Gebot der Notwendigkeit verlange, die angewandte Gewalt auf das Mindestmaß zu beschränken, ungeachtet des Maßes, das verhältnismäßig wäre, beispielsweise durch Warnungen, Zwangsanwendung und Gefangennahme. Das bedeute, nach dem Recht der Menschenrechte könne eine gezielte Tötung im Sinne einer absichtlichen, vorsätzlichen und bewussten Tötung durch Strafverfolgungsbeamte nicht rechtmäßig sein, da die Tötung, anders als in bewaffneten Konflikten, niemals alleiniges Ziel eines Einsatzes sein dürfe. Daher verletze beispielsweise eine Praxis gezielter Todesschüsse die Menschenrechte. Das hieße jedoch nicht, wie von manchen Seiten irrigerweise geltend gemacht wird, dass die Strafverfolgungsbehörden unfähig seien, der von Terroristen

Harmonisierung, Überlagerung, Spannungslinien?

und insbesondere Selbstmordattentätern ausgehenden Bedrohung entgegenzutreten. Ein solches Argument beruhe auf einer falschen Vorstellung von Menschenrechtsnormen; diese stellten Staaten nämlich nicht vor die Wahl, entweder die Tötung von Menschen hinzunehmen oder zur Verhinderung derartiger Tötungen ihren Strafverfolgungsbeamten die Anwendung tödlicher Gewalt zu gestatten. Vielmehr ziehe die menschenrechtliche Verpflichtung der Staaten zur Achtung und Gewährleistung des Rechts auf Leben die Verpflichtung nach sich, eine „gebotene Sorgfalt" anzuwenden, um Menschenleben vor Angriffen durch Verbrecher, einschließlich Terroristen, zu schützen. Tödliche Gewalt sei nach den Menschenrechtsnormen rechtmäßig, wenn sie unabdingbar und unmittelbar notwendig ist, um Leben zu retten (vgl. Alston 2010, S. 9, siehe auch Quénivet 2008).

3.2 HVR

Angehörige einer Konfliktpartei haben im HVR das Recht, Angehörige anderer Konfliktparteien zu töten. Dies ist verbunden mit einer Reihe von Anforderungen, zum Beispiel muss man sich und andere als Kombattanten identifizieren (können). Wie von Alston hervorgehoben, ist im HVR mit Feststellung eines bewaffneten Konfliktes das Töten von Angehörigen der Konfliktparteien rechtmäßig, das heißt der Normalfall, mit den zwei Ausnahmen von Verwundeten und Kämpferinnen und Kämpfern, die sich ergeben haben.

3.3 Ein Graubereich: Gezielte Tötungen

Gezielte Tötungen haben eine lange Tradition in der Staatenpraxis, vor allem in einer Reihe von Ländern des Globalen Südens, ohne dass dies zu großen völkerrechtlichen Diskussionen geführt hätte. Seit dem 11. September 2001 wurden im Rahmen der Terrorismusbekämpfung zahlreiche Menschenrechtsverletzungen öffentlich bekannt, auch in westlichen Staaten und in der Kooperation zwischen Staaten, etwa Entführungen, Folter, außergewöhnliche Überstellungen, Einrichtung von Geheimgefängnissen und gezielte Tötungen. Verstärkt wurden gezielte Tötungen, ihre häufigere Anwendung durch Regierungen und Ausweitung, politisch und völkerrechtlich diskutiert.

Ein früher, umstrittener Fall vor dem 11. September war die britische Operation Flavius, bei der 1988 drei IRA-Mitglieder in Gibraltar von der Spezialeinheit Special Air Service erschossen wurden. Danach wurde darüber kontrovers in Großbritannien diskutiert. Eine offizielle Untersuchung urteilte, Operation Flavius sei keine gesetzeswidrige Operation gewesen. Auf eine Klage gegen Großbritannien stellte der Europäische Gerichtshof für Menschenrechte 1995 mit einer knappen Mehrheit von zehn zu neun Stimmen einen Verstoß gegen die Europäische Menschenrechtskonvention fest (*McCann and Others v. United Kingdom*). Der Gerichtshof war nicht davon überzeugt, dass die Tötung der drei Terroristen erforderlich war.

Einige Staaten praktizieren seit Jahren eine Politik gezielter Tötungen im Ausland, etwa Israel und die USA, unter Präsident George W. Bush jr., Barack Obama und Donald Trump (statt vieler: Rudolf und Schaller 2012; Heinz 2014b), in Ländern, mit denen die USA nicht im bewaffneten Konflikt steht. Eine Reihe von Fällen hat wohl auch die russische Regierung zu verantworten (Fälle sind bei Alston 2010 erwähnt). Diese Regierungen beziehen sich auf ein tendenziell weltweites Recht zur Selbstverteidigung, ohne Bezug zu nehmen auf einen bewaffneten Konflikt zwischen zwei Staaten (territorialer Bezug als Beschränkung), eine Argumentation, die wohl an das Verständnis eines Globalen Krieges gegen den Terror unter Präsident George W. Bush jr. anknüpft. Diese Position eines in diesem Sinn territorial nicht eingeschränkten Rechts auf Selbstverteidigung findet bisher in der Völkerrechtswissenschaft keine mehrheitliche Unterstützung.

Die Bethlehem Prinzipien – ein neuer Ansatz?

2012 gab der ehemalige leitende Rechtsberater des britischen Außenministeriums unter Premierminister Blair, Daniel Bethlehem, in einer Publikation den öffentlichen Anstoß, erneut über eine Politik des Tötens von Terrorverdächtigen durch den Staat zu diskutieren. Sie enthält in ihrem Anhang 16 Prinzipien, die unterdessen als „Bethlehem Prinzipien" bekannt sind (Bethlehem 2012) und Folgediskussionen im American Journal of International Law). Die Generalstaatsanwälte der britischen und der australischen Regierungen haben diese Prinzipien bereits für ihre Regierungspraxis gut geheißen und kündigten an, ihre Regierungen würden diesen folgen (Wright, im Januar 2017, und Brandish, im Mai 2017). Der britische Generalstaatsanwalt Jeremy Wright argumentierte, die Bedrohung durch den Terrorismus habe „die Frontlinie" des Krieges unwiederbringlich verändert. Bedrohungen für die britische Sicherheit seien heute nicht mehr „Truppen, die sich am Horizont bilden", sondern würden jetzt geplant von einem lockeren Netzwerk von Individuen, die Angriffe auf britische Straßen „inspirierten, ermöglichten" oder durchführen könnten. Er argumentierte, die britische Regierung müsse eine weiter gefasste Definition von „imminent threat" annehmen und sicherstellen, dass das Recht mit den neuen Entwicklungen Schritt hielte. Ob eine Bedrohung vorliege, prüfe die Regierung anhand von fünf Kriterien, die von

Bethlehem im Jahr 2012 vorgeschlagen worden seien. Prinzip 8 etwa bezöge sich auf:

> "a) The nature and immediacy of the threat;
> b) The probability of an attack;
> c) Whether the anticipated attack is part of a concerted pattern of continuing armed activity;
> d) The likely scale of the attack and the injury, loss or damage likely to result therefrom in the absence of mitigating action;
> e) The likelihood that there will be other opportunities to undertake effective action in self-defense that may be expected to cause less serious collateral injury, loss or damage" (Wright 2017).

Der australische Generalstaatsanwalt George Brandish unterstützte Wright im Grundsatz, räumt indessen aber auch ein:

> "This is clearly more expansive than the traditional definition, especially given the assertion made by Bethlehem, and repeated by Wright, that: […] the absence of specific evidence of where an attack will take place or of the precise nature of an attack does not preclude a conclusion that an armed attack is imminent for purposes of the exercise of the right of self-defense, provided that there is a reasonable and objective basis for concluding that an armed attack is imminent" (Brandish 2017).

Die Argumentation scheint darauf abzuzielen, Terrorverdächtige früher töten zu können, indem der Begriff unmittelbar bevorstehender Angriff („imminent threat") aufgeweicht und für operative Zwecke „angepasst" wird. Dessen Anforderungen an einen terroristischen Angriff werden tendenziell durch eine mittelbare Gefährdung ersetzt. Weitere Kriterien sind in den Prinzipien 8 bis 13 enthalten, die das Intervenieren in einem Drittstaat leichter möglich machen sollen. Gleichzeitig betonen die Autoren, die Argumentation Bethlehems stimme mit dem Völkerrecht überein und man wolle nicht dem US-amerikanischen Ansatz einer „preemptive self-defence" folgen (Bethlehem 2012, Prinzip Nr. 14; Wright 2017; Brandish 2017, am Ende ihrer Ausführungen).

In der Regierungspraxis Großbritanniens war die gezielte Tötung von Reeyad Khan 2015 in Syrien Anlass für eine Untersuchung des parlamentarischen Geheimdienst- und Sicherheitsausschusses, die 2017 vorgelegt wurde (House of Lords, House of Commons, Joint Committee on Human Rights 2016, BBC 2016). Nach der Sichtung der Unterlagen stellte der Ausschuss eine Reihe von Fragen an die Regierung und bat sie darum, ihre Auslegung des Völkerrechts zu präzisieren. Premierministerin Theresa May verteidigte die Tötung als gerechtfertigt und verhältnismäßig und erklärte, die Regierung würde weiterhin so handeln. Sie verwies auf das Recht auf Selbstverteidigung und die drohende Gefahr, die von Khan ausgegangen sei (The Guardian 2017). Großbritannien befand sich mit Syrien nicht in einem bewaffneten Konflikt. Zu Frankreich wurde bekannt, dass der ehemalige französische Präsident François Hollande in vier Fällen die Tötung von Terrorismusverdächtigen angeordnet hatte (er erwähnt dies in seinen Memoiren), eine andere Quelle spricht von bis zu 40 Fällen gezielter Tötungen (Samuel 2017). Der Bericht bezieht sich auf das Buch „Erreurs fatales" des Journalisten Vincent Nouzille (2017).

Zusammengefasst kommt das „Recht auf gezielte Tötung" auch im Menschenrechtsschutz vor, aber nur im Ausnahmefall und eigentlich nicht als „Recht auf Tötung", wie Alston zu Recht hervorhebt. Bei erheblicher Gefahr für Leib und Leben anderer kann eine Tötung als Folge des Eingreifens rechtmäßig sein. Die zentrale Frage lautet, wo im Interesse der Rechtsstaatlichkeit die Grenze zu ziehen ist und wie sich die Staatenpraxis angesichts umfangreicher Geheimhaltung verlässlich bewerten und parlamentarisch kontrollieren lässt. Eine Kontroverse wird darüber geführt, ob und gegebenenfalls wie gezielte Tötungen außerhalb bewaffneter Konflikte zu rechtfertigen sind, mithin über das Pro-

blem der Entgrenzung des bewaffneten Konflikts und damit des
HVR im Rahmen der Terrorismusbekämpfung. Denn tendenziell
wird vorsätzliche staatliche tödliche Gewaltanwendung immer
weiter zeitlich nach vorne verlagert und entgrenzt. Damit droht
eine Aushöhlung des Völkerrechts. Grundsätzlich sollte es um
Gefahrenabwehr und Strafverfolgung gehen, nicht um Hinrichtung.
Jetzt aber vereinen einige Staaten alle Funktionen in der
Exekutive, der Staat verdächtigt / beschuldigt, trifft das Urteil
zu töten und führt es aus, in einem geheim gehaltenen Prozess.
Kontrollen inner- und außerhalb der Regierung sind nicht oder
selten sichtbar. .

Angesichts der bekannten unbefriedigenden jahrelangen Praxis
gezielter Tötungen sind hierzu weiterhin öffentliche Diskussion,
strenge Kriterienlisten und unabhängige investigative Untersuchungen
über tatsächliches Regierungshandeln notwendig. Insgesamt
scheint nach wie vor eine ziemliche Unsicherheit über anwendbare
Standards bei der Terrorismusbekämpfung zu existieren.

4 Inhaftierung und Ingewahrsamnahme ohne Anklage oder Gerichtsverfahren

4.1 Internationaler Menschenrechtsschutz

Im Menschenrechtsschutz dürfen Personen nur im Rahmen einer
strafrechtlichen Untersuchung oder auf der Grundlage des
Urteils eines unabhängigen Gerichts in Haft genommen werden
(Untersuchungshaft, Strafhaft). Es gibt in manchen Staaten eine so
genannte Präventivhaft auf der Grundlage gesetzlicher Regelungen
oder einer de facto Praxis, aber hiergegen gibt es erhebliche
Vorbehalte, die zum Beispiel im UN-Zivilpakt Art. 9 und 14 und

der Europäischen Menschenrechtskonvention, Art. 6, abgeleitet werden (zur präventiven Sicherheitshaft vgl. Müller 2006).

4.2 HVR

Im HVR ist eine Internierung aus Gründen der nationalen Sicherheit möglich bis zum Ende eines bewaffneten Konfliktes (Gasser 1994, S. 232ff.) und zwar ohne Anklage oder Gerichtsurteil oder als Strafmaßnahme (Art. 68, GK IV). Die IV. Genfer Konvention enthält hierzu Bestimmungen in Art. 41-43 und 78 Abs. 1. In Artikel 42 heißt es:

> „Die Internierung der geschützten Personen oder die Zuweisung eines Zwangsaufenthaltes an diese darf nur angeordnet werden, wenn es die Sicherheit der Macht, in deren Händen sich diese Personen befinden, unbedingt erfordert […]."

Die Überprüfung soll durch ein Gericht oder einen unabhängigen Verwaltungsausschuss stattfinden (Art. 43).

Im Kontext internationaler Terrorismusbekämpfung regten einige Staaten eine Diskussion über die Frage an, ob Verdächtige auch festgenommen / festgehalten werden können bei stark eingeschränkten Rechten (Guantánamo-Problematik, Festhalten in geheimen Gefängnissen in Drittstaaten). Es gab mindestens die zwei Gesprächsformate mit ausgewählten Staaten, der West Point-Prozess und der Kopenhagen-Prozess (zur Diskussion über die Copenhagen Guidelines vgl. Oswald und Winkler 2012).

4.3 Multinationale Einsätze der Bundeswehr

Besondere Probleme können sich bei multinationalen Einsätzen stellen – für die Bundeswehr der Regelfall –, wenn Staaten unterschiedlicher Auffassung über anzuwendende völkerrechtliche Verpflichtungen sind, eine Problematik, die etwa in Afghanistan mit ISAF (*International Security Assistance Force*) von Beginn an präsent war. Man denke nur im Fall der USA an Guantánamo – wohin Gefangene aus Afghanistan überstellt wurden –, den Einsatz von Folter bei Verhören (die so genannte „enhanced interrogation" der CIA), Drohnenkrieg, CIA-Entführungen und außerordentliche Überstellungen, verbunden mit einer Entführung von Terrorismusverdächtigen in ihre Heimatländer, häufig Folterländer (so genannte *extraordinary renditions*), ohne ein rechtsstaatliches Auslieferungsverfahren. Für eine Beurteilung der Einhaltung von Völkerrecht ist offensichtlich entscheidend, ob die Bundesregierung von einem bewaffneten Konflikt oder nicht ausgeht, denn die Antwort hierauf führt zum anzuwendenden Recht. Seit Beginn des Bundeswehreinsatzes in Afghanistan 2002, vertrat sie bis 2009 die Auffassung, dass in Afghanistan kein bewaffneter Konflikt herrsche, zuletzt durch Verteidigungsminister Franz Josef Jung (2009). 2010 räumte sein Nachfolger Karl-Theodor zu Guttenberg (2010) ein: „Auch wenn es nicht jedem gefällt, so kann man angesichts dessen, was sich in Teilen Afghanistans abspielt, umgangssprachlich von Krieg reden".

Während des ISAF-Einsatzes in Afghanistan musste die Bundesregierung entscheiden, wie die Bundeswehr mit in Gewahrsam genommenen Gefangenen, etwa Talibanverdächtigen, umgeht, wie lange diese festgehalten werden konnten und wem sie übergeben werden sollten; dies in einem Kontext unterschiedlicher Auffassungen zu völkerrechtlichen Verpflichtungen, deutlich im Verhältnis zur USA. Extraterritoriale Menschenrechtsverpflichtungen aus

Harmonisierung, Überlagerung, Spannungslinien?

dem UN-Zivilpakt und der Europäischen Menschenrechtskonvention wurden grundsätzlich von ihr akzeptiert. Sie stand vor dem Problem, was mit den in Gewahrsam Genommenen zu tun war. Die Bundeswehr hatte keine Gefängnisse, Gefangene wollte man nicht freilassen, aber auch nicht an die USA übergeben, aufgrund der Foltergefahr in US-Einrichtungen in Afghanistan oder der möglichen Verlegung nach Guantánamo. Damit blieb nur die Übergabe an die afghanischen Behörden. Hier gab es immer wieder Hinweise auf Folter. Nach einem UN-Bericht über Folter in fünf afghanischen Gefängnissen 2011 – „systematisch" – wurden für kurze Zeit keine Gefangenen mehr an bestimmte Gefängnisse überstellt (eigene Gespräche im Auswärtigen Amt, Spiegel online 2011, Merkur 2013). Das Auswärtige Amt versuchte über längere Zeit eine Zusicherung von der Regierung zu erhalten (Memorandum of Understanding), dass Gefangene nicht gefoltert werden. Das Vorhaben scheiterte letztlich an der Ablehnung durch die afghanische Regierung. Aber dies war nicht das einzige Problem. Zu ISAF berichtete die Bundesregierung 2008 dem Bundestag zu dem geplanten Memorandum: „Im Rahmen der NATO-internen Abstimmung eines Entwurfs konnten sich die NATO-Partner aufgrund unterschiedlicher Vorstellungen im Hinblick auf den Regelungsinhalt nicht auf einen gemeinsamen Wortlaut einigen" (Deutscher Bundestag 2008, S. 7).

Ein anderes menschenrechtlich relevantes Thema in diesem Zusammenhang, das hier nicht vertieft werden kann, ist die mögliche Beihilfe zu Menschenrechtsverletzungen eines Drittstaates. Das Stichwort lautet Recht der Staatenverantwortlichkeit. Hierzu hat die UN Völkerrechtskommission Articles on State Responsibility (ASR) vorgelegt. In Artikel 16 heißt es:

"A State which aids or assists another State in the commission of an internationally wrongful act by the latter is internationally responsible for doing so if: (a) That State does so with knowledge of the circumstances of the internationally wrongful act; and (b) The act would be internationally wrongful if committed by that State" (International Law Commission 2001).

In den letzten Jahren hat sich eine Diskussion zur Beihilfe im Völkerrecht entwickelt, und in der Forschung wird daran gearbeitet, das Konzept auf spezielle Politikfelder anzuwenden (Aust 2011; Jackson 2015; Steiger 2013 zu Folter; Deutsches Institut für Menschenrechte 2017 zu Entwicklungspolitik, Rüstungsexporten und Drohnenkrieg).

5 Schlußbetrachtung

Der Vergleich zwischen Normen des humanitären Völkerrechts und des Menschenrechtsschutzes macht deutlich, dass sich die Schutznormen in den betrachteten Bereichen weitgehend ergänzen. Es bleibt aber zu beachten, dass sich der Grundansatz zwischen Menschenrechtsschutz und HVR und die Situationen, auf die sie zugeschnitten sind, erheblich unterscheiden. Wie erwähnt, kommen zentrale Begriffe des humanitären Völkerrechts im Menschenrechtsschutz nicht vor, wie etwa Konfliktparteien, das Schädigungsrecht gegenüber der gegnerischen Konfliktpartei, die Abwägung zwischen militärischem Nutzen und Kollateralschäden und die Internierung ohne Anklage oder Prozess bis zum Ende des Konfliktes. Natürlich ist HVR Notstandsrecht und lässt daher Gewaltanwendung gegenüber Menschen zu, die im Menschenrechtschutz keine Entsprechung hat. In Situationen außerhalb des bewaffneten Konflikts, so die herrschende Meinung, gelten Menschenrechte, nicht das HVR, im bewaffneten Konflikt gelten auch die Menschenrechte. Der ganz überwiegende Teil der HVR-Normen bezieht sich auf Konflikte zwischen Staaten (internationaler Konflikt), während es nur wenige Normen für den heute

Harmonisierung, Überlagerung, Spannungslinien? 63

ganz überwiegenden innerstaatlichen Konflikt gibt. Die pauschale Anwendung ersterer auf diese Situation wird zwar in der Wissenschaft vorgeschlagen, aber in der Politik der Staaten weitgehend nicht akzeptiert. Wann ein bewaffneter Konflikt anfängt, wann er aufhört – und damit HVR völkerrechtsgemäß zur Anwendung kommt –, ist häufig unklar, keine Institution gibt hierzu verbindlich öffentlich Auskunft. Dem HVR fehlen auch Instrumente zur Beobachtung und (öffentlichen) Berichterstattung zur Einhaltung seiner Normen. Ansätze in diese Richtung auf den Internationalen Konferenzen des Roten Kreuzes und Roten Halbmonds wurden diskutiert, kommen aber bisher kaum voran.

Um Einhaltung und Wirksamkeit existierender Normen (*de lege lata*) und entstehender Normen (*de lege ferenda*) angemessen beurteilen zu können, reicht es jedoch nicht aus, sich nur auf völkerrechtliche Normen zu beziehen. Zu betrachten sind auch die Haltung der Regierungen sowie ihre politische Praxis und Rechtsauffassung (*opinio juris*). Hier zeigen sich in den letzten Jahren massive Rückschritte leider auch in der westlichen Welt, durch die Anwendung klar rechtswidriger Formen der Terrorbekämpfung wie Entführungen, außerordentliche Überstellungen, Folter, Geheimgefängnisse, gezielte Tötung außerhalb bewaffneter Konflikte, durchgeführt auch in zwischenstaatlicher Kooperation, etwa durch Informationsweitergabe, gemeinsame Operationen und zur Verfügungstellung von Einrichtungen, zum Beispiel für Geheimgefängnisse. In Beratungsprozessen zwischen Staaten wurden Praxisprobleme bei der Einhaltung des Völkerrechts diskutiert, etwa der Umgang mit Terrorverdächtigen, mit der Tendenz Rechtsnormen abzusenken. Darüber hinaus werden im Rahmen der Bethlehem-Prinzipien Leitlinien für eine aktive, immer früher ansetzende Politik des Tötens von Terrorverdächtigen durch den Staat diskutiert.

Es liegt auf der Hand, dass angesichts zunehmender terroristischer Anschläge und staatlicher Gewaltanwendung, auch in

Drittländern, die hier angesprochenen Fragen im Blick behalten werden sollten, da eine Reihe von aktuellen und geplanten Praktiken fundamentale Prinzipien des Völkerrechts und Rechtsstaates, insbesondere auch der Menschenrechte und des HVR, missachten.

Literatur

Alston, Philip. 2010. Bericht des Sonderberichterstatters über außergerichtliche, summarische oder willkürliche Hinrichtungen. Philip Alston. Addendum Studie über gezielte Tötungen, UN-Dok. A/HRC/14/24/Add. 8 vom 28.05.2010. http://www.un.org/depts/german/menschenrechte/a-hrc14-24add6-deu.pdf. Zugegriffen: 2. Dezember 2018.

Aust, Helmut Philipp. 2011. *Complicity and the Law of State Responsibility*. Cambridge: Cambridge University Press.

BBC. 2016. Drone killings: Legal case 'needs clarifying', 10.05.2016. https://www.bbc.com/news/uk-36253518. Zugegriffen: 2. Dezember 2018.

Bethlehem, Daniel. 2012. Self-Defense Against an Imminent or Actual Armed Attack by Nonstate Actors. *American Journal of International Law* 106 (4): 770-777.

Bothe, Michael. 2015. Warum wird humanitäres Völkerrecht eingehalten oder verletzt? Perspektiven der Durchsetzung des humanitären Völkerrechts. Neue Entwicklungen und kritische Bilanz. *Humanitäres Völkerrecht* 28 (2): 55-67.

Brandish, George. 2017. The Right of Self-Defence Against Imminent Armed Attack in International Law. https://www.ejiltalk.org/the-right-of-self-defence-against-imminent-armed-attack-in-international-law/. Zugegriffen: 2. Dezember 2018.

Bundesministerium der Verteidigung. 2016. Zentrale Dienstvorschrift Humanitäres Völkerrecht in bewaffneten Konflikten. https://www.bmvg.de/resource/blob/16628/f16edcd7b796ff3b43b239039cfc-c8d1/b-02-02-10-download-handbuch--humanitaeres-voelker-recht-in-bewaffneten-konflikten-data.pdf. Zugegriffen: 2. Dezember 2018.

Bundesrat der Schweiz. 2018. Das Portal der Schweizer Regierung. https://www.admin.ch/opc/de/classified-compilation/19490186/index.html. Zugegriffen: 2. Dezember 2018.

Cullen, Anthony. 2010. *The Concept of Non-International Armed Conflict in International Humanitarian Law*. Cambridge: Cambridge University Press.

Deutscher Bundestag. 2008. Antwort der Bundesregierung auf die Kleine Anfrage der Abgeordneten Paul Schäfer (Köln), Dr. Norman Paech, Wolfgang Gehrcke, weiterer Abgeordneter und der Fraktion DIE LINKE. – Drucksache 16/7421 –, BT-Drs. 16/7839 vom 23.01.2008. Zugegriffen: 2. Dezember 2018.

Deutsches Institut für Menschenrechte. 2017. Beihilfe zu Menschenrechtsverstößen vermeiden – außenpolitische Zusammenarbeit kritisch prüfen, Berlin. https://www.institut-fuer-menschenrechte.de/fileadmin/user_upload/Publikationen/ANALYSE/Analyse_Beihilfe_zu_Menschenrechtsverstoessen_vermeiden_aussenpolitische_Zusammenarbeit_kritisch_pruefen.pdf. Zugegriffen: 2. Dezember 2018.

Eidgenössisches Departement für auswärtige Angelegenheiten. 2018. Humanitäres Völkerrecht. https://www.eda.admin.ch/eda/de/home/aussenpolitik/voelkerrecht/humanitaeres-voelkerrecht.html. Zugegriffen: 2. Dezember 2018.

Eser, Albin. 2011. Tötung im Krieg: Rückfragen an das Staats- und Völkerrecht. In *Öffentliches Recht im offenen Staat*, hrsg. von Ivo Appel, 665-687. Berlin: Duncker & Humblot.

European Court of Human Rights. 1995. Case of McCann and Others v. the United Kingdom (Application no. 18984/91). http://www.asylumlawdatabase.eu/sites/www.asylumlawdatabase.eu/files/aldfiles/CASE%20OF%20McCANN%20AND%20OTHERS%20v.%20THE%20UNITED%20KINGDOM%20%281%29.pdf. Zugegriffen: 2. Dezember 2018.

Fleck, Dieter (Hrsg.). 1994. *Handbuch des humanitären Völkerrechts in bewaffneten Konflikten*. München: Beck.

Fleck, Dieter (Hrsg.). 2013a. *The Handbook of International Humanitarian Law*. Oxford: Oxford University Press.

Fleck, Dieter. 2013b. The Law of Non-international armed conflict. In *The Handbook of International Humanitarian Law*, hrsg. von Dieter Fleck, 605-634. Oxford: Oxford University Press.

Gasser, Hans-Peter. 1994. Schutz der Zivilbevölkerung. In *The Handbook of International Humanitarian Law*, hrsg. von Dieter Fleck, 168-235. Oxford: Oxford University Press.

Geiß, Robin und Andreas Zimmermann. 2017. The International Committee of the Red Cross: A Unique Actor in the Field of International Humanitarian Law Creation and Progressive Development. In *Humanizing the Laws of War: The Red Cross and the Development of International Humanitarian Law*, hrsg. von Robin Geiß, Andreas Zimmermann und Stefanie Haumer, 215-255. Cambridge: Cambridge University Press.

Gillner, Matthias (Hrsg.). 2014. *Kollateralopfer. Die Tötung von Unschuldigen als rechtliches und moralisches Problem*. Baden-Baden: Nomos.

Guttenberg, Karl-Theodor zu. 2010. Guttenberg spricht von „Krieg", 4. April 2010. http://www.sueddeutsche.de/politik/afghanistan-guttenberg-spricht-von-krieg-1.6058. Zugegriffen: 2. Dezember 2018.

Hankel, Gerd. 2010. *Das Tötungsverbot im Krieg*. Hamburg: Hamburger-Edition.

Heintze, Hans-Joachim. 2015. Veränderung im Verhältnis von Humanitärem Völkerrecht und Menschenrechtsschutz. *Humanitäres Völkerrecht* 28 (4): 149-153.

Heintze, Hans-Joachim und Knut Ipsen (Hrsg.). 2011. *Heutige bewaffnete Konflikte als Herausforderungen an das humanitäre Völkerrecht. 20 Jahre Institut für Friedenssicherungsrecht und Humanitäres Völkerrecht – 60 Jahre Genfer Abkommen*. Berlin: Springer.

Heinz, Wolfgang S. 2013. Zum Umgang des UN-Sicherheitsrates mit Menschenrechtspflichten bewaffneter Oppositionsgruppen. *Humanitäres Völkerrecht* 26 (1): 4-11. http://www.ifhv.de/documents/huvi/huvi-2013/huv_1_2013.pdf. Zugegriffen: 2. Dezember 2018.

Heinz, Wolfgang S. 2014a. Ein Überblick zum UN-Menschenrechtsschutz und seinen Bezügen zum humanitären Völkerrecht. *Humanitäres Völkerrecht* 27 (3): 113-120.

Heinz, Wolfgang S. 2014b. Wann hat der Staat das Recht zu töten? Gezielte Tötungen und Schutz der Menschenrechte. Berlin: Deutsches Institut für Menschenrechte. http://www.institut-fuer-menschenrechte.de/uploads/tx_commerce/Policy_Paper_23_Wann_hat_der_Staat_das_Recht_zu_toeten_01.pdf. Zugegriffen: 2. Dezember 2018.

Heinz, Wolfgang S. 2016. Zehn Jahre UN-Menschenrechtsrat. Zwischen Politisierung und Positionierung. *Vereinte Nationen* 3: 116-120.

Heinz, Wolfgang S. und Nato Abesadze. 2015. Menschenrechtsschutz in bewaffneten Konflikten. Zur Berichterstattung des Hochkommissariats für Menschenrechte der Vereinten Nationen. *Humanitäres Völkerrecht* 28 (4): 163-170.

Heinz, Wolfgang S. und Zine Homburger. 2015. Die Rolle des UN-Hochkommissariats für Menschenrechte (OHCHR) im UN-Menschenrechtsschutz – Entwicklungen, Probleme und Perspektiven. In *Konzepte für die Reform der Vereinten Nationen*, hrsg. von Pascale Baeriswyl, Wolfgang S. Heinz, Klaus Hüfner und Jens Martens, 69-98. Potsdam: Universitätsverlag Potsdam.

Hobe, Stefan. 2011. Der asymmetrische Krieg als Herausforderung der internationalen Ordnung und des Völkerrechts. In *Heutige bewaffnete Konflikte als Herausforderungen an das humanitäre Völkerrecht*, hrsg. von Hans-Joachim Heintze und Knut Ipsen, 69-86. Springer: Berlin.

House of Lords. House of Commons. Joint Commitee on Human Rights. 2016. The Government's policy on the use of drones for targeted killling, London. Zugegriffen: 2. Dezember 2018.

ICRC Review 2016. *Resolutions of the 32nd International Conference of the Red Cross and Red Crescent, Resolution 2: Strengthening compliance with International Humanitarian Law*, 1393-1426.

International Humanitarian Fact-Finding Commission. 2018. www.ihffc.org. Zugegriffen: 2. Dezember 2018.

International Law Commission. 2001. Draft Articles on Responsibility of States for Internationally Wrongful Acts, with commentaries. http://legal.un.org/ilc/texts/instruments/english/commentaries/9_6_2001.pdf. Zugegriffen: 2. Dezember 2018.

Jackson, Miles. 2015. *Complicity in International Law*. Oxford: Oxford University Press.

Jung, Franz Josef. 2009. Interview mit Franz Josef Jung: „In Afghanistan ist kein Krieg". http://www.fr.de/politik/spezials/einsatz-in-afghanistan/interview-mit-franz-josef-jung-in-afghanistan-ist-kein-krieg-a-1103617. Zugegriffen: 2. Dezember 2018.

Kleffner, Jann K. 2013. Scope of Application of International Humanitarian Law. In *The Handbook of International Humanitarian Law*, hrsg. von Dieter Fleck, 43-78. Oxford: Oxford University Press.

Lang, Nicolas. 2014. Initiative der Schweiz und des IKRK für die bessere Einhaltung des Humanitären Völkerrechts. *Humanitäres Völkerrecht* 27 (2): 60-64.

Marauhn, Thilo. 2017. Friedenssicherungsrecht und humanitäres Völkerrecht unter Druck. In *Friedensgutachten 2017*, hrsg. von Bruno Schoch, Andreas Heinemann-Grüder, Corinna Hauswedell, Jochen Hippler und Margret S. Johannsen, 56–68. Münster: LIT.

Melzer, Nils. 2012. Unmittelbare Teilnahme an Feindseligkeiten. Anleitung des IKRK zur Interpretation des Begriffs nach dem humanitären Völkerrecht. Synoptische Gegenüberstellung des Textes in englischer und deutscher Sprache, hrsg. vom Deutschen Roten Kreuz e. V., Sankt Augustin. http://www.ifhv.de/documents/huvi/huvi-2013/huv_1_2013.pdf. Zugegriffen: 2. Dezember 2018.

Merkur. 2013. Afghanistan räumt Gefängnis-Folter ein, 11.02.2013. https://www.merkur.de/politik/afghanistan-raeumt-gefaengnis-folter-zr-2745649.html. Zugegriffen: 2. Dezember 2018.

Mertes, Michael. 2013. Was sind „militärische Ziele"? Eine Kernfrage für den Schutz der Zivilbevölkerung. https://www.kas.de/web/israel/veranstaltungsberichte/detail/-/content/was-sind-militaerische-ziele-. Zugegriffen: 2. Dezember 2018.

Müller, Sebastian. 2006. Präventive Sicherungshaft? Zu den rechtsstaatlichen Grenzen der Terrorismusabwehr, Berlin: Deutsches Institut für Menschenrechte. https://www.institut-fuer-menschenrechte.de/uploads/tx_commerce/essay_no_4_praeventive_sicherungshaft.pdf. Zugegriffen: 2. Dezember 2018.

Nouzille, Vincent. 2017. *Erreurs fatales*. Paris: Fayard.

Oeter, Stefan. 2013. Means and Methods of Combat. In *The Handbook of International Humanitarian Law*, hrsg. von Dieter Fleck, 121–230. Oxford: Oxford University Press.

Oswald, Bruce „Ossie" und Thomas Winkler. 2012. The Copenhagen Process Principles and Guidelines on the Handling of Detainees in International Military Operations. American Society of International Law. https://www.asil.org/insights/volume/16/issue/39/copenhagen-process-principles-and-guidelines-handling-detainees. Zugegriffen: 2. Dezember 2018.

Peterke, Sven. 2017. Den Krieg überdenken – auch im Völkerrecht. *Humanitäres Völkerrecht* 30 (1/2): 19–26.

Quénivet, Noëlle. 2008. The Right to Life in International Humanitarian Law and Human Rights Law. In *International Humanitarian Law and Human Rights Law. Towards a New Merger in International Law*, hrsg. von Noëlle Quénivet und Roberta Arnold, 331–353. Leiden: Brill-Nijhoff.

Rudolf, Peter und Christian Schaller. 2012. „Targeted Killing". Zur völkerrechtlichen, ethischen und strategischen Problematik gezielten Tötens in der Terrorismus- und Aufstandsbekämpfung, Berlin: SWP. https://www.swp-berlin.org/fileadmin/contents/products/studien/2012_S01_rdf_slr.pdf. Zugegriffen: 2. Dezember 2018.

Salomon, Tim René. 2015. Zum Verhältnis von Menschenrechten und Humanitärem Völkerrecht. Normative und methodische Grundlagen. *Humanitäres Völkerrecht* 28 (4): 153–162.

Samuel, Henry. 2017. François Hollande has personally authorised 'at least 40' targeted killings abroad, says new book. The Telegraph vom 5. Januar 2017. https://www.telegraph.co.uk/news/2017/01/05/francois-hollande-has-personally-authorised-least-40-targeted/. Zugegriffen: 2. Dezember 2018.

Scheidle, Christina. 2009. Asymmetrische Konflikte – Kapituliert das humanitäre Völkerrecht vor neuen Formen der Gewalt? In Humboldt-Forum-Recht. https://www.humboldt-forum-recht.de/deutsch/15-2009/beitrag.html. Zugegriffen: 2. Dezember 2018.

Schöberl, Katja. 2015. Neuere Entwicklungen im Humanitären Völkerrecht. *Humanitäres Völkerrecht* 28 (2): 67–72.

Sohm, Stefan. 2018. Die Zulassung neuer Waffensysteme. *Humanitäres Völkerrecht* 28 (1/2): 19–27.

Spiegel online. 2011. Nato stoppt Gefangenen-Transfers in Afghanistan. http://www.spiegel.de/politik/ausland/foltervorwuerfe-nato-stoppt-gefangenen-transfers-in-afghanistan-a-784914.html. Zugegriffen: 2. Dezember 2018.

Steiger, Dominik. 2013. *Das völkerrechtliche Folterverbot und der „Krieg gegen den Terror"*. Heidelberg: Springer.

The Guardian. 2017. May defends use of drones to kill British terrorists overseas, 20.12.2017. https://www.theguardian.com/world/2017/dec/20/theresa-may-drone-strikes-british-terrorists-reyaad-khan. Zugegriffen: 2. Dezember 2018.

UN OHCHR (Office of the High Commissioner on Human Rights). 2011. International Legal Protection of Human Rights in Armed Conflict. https://www.ohchr.org/Documents/Publications/HR_in_armed_conflict.pdf. Zugegriffen: 2. Dezember 2018.

Watson, Abigail. 2017. Targeted killing: a new departure for British defence and security policy? Oxford Research Group. https://www.oxfordresearchgroup.org.uk/Handlers/Download.ashx?IDMF=7b664721-ea08-44e3-981e-12e25debd2bf. Zugegriffen: 2. Dezember 2018.

Widdig, Vincent. 2016. Perspektiven einer möglichen Einbindung bewaffneter organisierter Gruppen als nicht-staatliche Akteure in den Normsetzungsprozess des Völkerrechts. *Humanitäres Völkerrecht* 29 (3): 109–117.

Wissenschaftliche Dienste des Deutschen Bundestages. 2016. Räumlicher Anwendungsbereich des humanitären Völkerrechts und die „Entgrenzung" bewaffneter Konflikte. Ansätze einer Geographie des Schlachtfeldes. Berlin: Deutscher Bundestag. https://www.bundestag.de/blob/415562/549903d9f55a623315b242d4be0be9d1/wd-2-016-16-pdf-data.pdf. Zugegriffen: 2. Dezember 2018.

Wright, Jeremy. 2017. Attorney General's Speech at International Institute for Strategic Studies. The Modern Law of Self-Defence, 11 January 2017. https://assets.publishing.service.gov.uk/government/uploads/system/uploads/attachment_data/file/583171/170111_Imminence_Speech_.pdf. Zugegriffen: 2. Dezember 2018.

Zegveld, Liesbeth. 2002. *The Accountability of Armed Opposition Groups in International Law*. Cambridge: Cambridge University Press.

Menschenrechte – universal geltend?

Georg Lohmann

1 Einleitung[1]

Ob die Menschenrechte universal gelten, kann man einmal als Frage nach einer universal gültigen Begründung ihrer normativen (moralischen) Ansprüche verstehen (normative Geltung), zum anderen aber auch als Frage nach dem Umfang ihrer rechtlichen und politischen Realisierung und Institutionalisierung (faktische Geltung). Meines Erachtens verbindet der Begriff der Menschenrechte beide Geltungsdimensionen, da die Menschenrechte begrifflich moralische, rechtliche und politische Dimensionen haben, die sich auch nicht auf eine Dimension reduzieren lassen. Ich werde daher im Folgenden zunächst diesen differenzierten Begriff (das Konzept) der Menschenrechte erläutern, was die Unterscheidung von historisch und systematisch unterschiedlichen Menschenrechtsvorstellungen (Konzeptionen) mit einschließt (2.). Die gegenwärtig bestimmende

---

1 Ich bin den Mitgliedern der Konsultationsgruppe, insbesondere Friedrich Lohmann, für ausführliche und bedenkenswerte Anregungen und Kritiken des ursprünglichen Textes dankbar. Freilich bin ich mir nicht sicher, ob ich sie alle angemessen beachten konnte.

ist eine *internationale Konzeption*, die die Menschenrechte im Rahmen des nach 1945 neugefassten Völkerrechts dem Anspruch nach global und kulturübergreifend institutionalisiert. Ich will daher die Fragen nach dem Stand, der Entwicklung und Einschätzung einer universellen Geltung der Menschenrechte in diesem Kontext des internationalen Rechts in Bezug auf ihren kulturübergreifenden Anspruch (3.1) und nach den Hinsichten der Beziehungen zu unterschiedlichen moralischen Begründungen und rechtlicher und politischer Institutionalisierungen untersuchen (3.2). Nur noch im Ausblick kann ich diese Fragen behandeln, ob denn auch das historisch früher entstandene humanitäre Völkerrecht sich den Wandlungsprozessen des internationalen Rechts, die durch die internationale Menschenrechtskonzeption gefordert und in Ansätzen verwirklicht werden, noch länger entziehen kann, oder ob der universale Geltungsanspruch der Menschenrechte auch hier menschenrechtskonforme Veränderungen fordert und damit auch neue Probleme sichtbar macht (4.).[2]

2 Konzept und drei Konzeptionen der Menschenrechte

Ich möchte ausgehen von einem historisch informierten, nüchternen und differenzierten Vorverständnis der Menschenrechte. Unsere gegenwärtige Redeweise von Menschenrechten hat eine historisch weit zurückgehende, komplexe und unstetige Vorgeschichte. Teilaspekte wie die Thesen, dass alle Menschen einen herausgehobenen Wert (zum Beispiel *dignitas*) und Status (Person) haben, dass sie in bestimmten Hinsichten gleich sind (christliche Vorstellungen),

---

[2] Da ich viele Auffassungen nur kurz andeuten kann, verweise ich mehr, als sonst schicklich, auf eigene dazu ausführende Arbeiten, was ich zu entschuldigen bitte.

dass sie als einzelne Menschen (Individuen, Personen), unabhängig von ihren religiösen, sozialen oder politischen Beziehungen, wegen ihrer individuellen, körperlich verankerten Verletzbarkeit einen besonderen Schutz erfordern (Kampf gegen Folter und Sklaverei) und viele andere Aspekte lassen sich rückblickend als Vorboten (Kaufmann 2016) der Menschenrechte verstehen. Zu ihrer Vorgeschichte (siehe die Artikel zur Vorgeschichte und zur Geschichte der Menschenrechte bei Pollmann und Lohmann 2012) gehören auch die Einsichten, dass für den Schutz des einzelnen Menschen die traditionelle Moral allein nicht ausreicht, sondern dass ein objektives, zwangsbewehrtes Recht und in seinem Rahmen „subjektive Rechte" dafür notwendig oder besser geeignet sind (zum Beispiel spanische Spätscholastik), dass das (objektive) Recht aber, in dem subjektive Rechte institutionalisiert sind, unabhängig von seiner konkreten Herkunft selbst normativen Anforderungen genügen muss (Spannungen zwischen göttlichen, natürlichen und positiven Rechtsvorstellungen). Sie motivieren die klassischen Positionen der politischen Philosophie, die in ihren systematischen Theorien des Naturrechts, des Staates oder auch in Ansätzen des Völkerrechts (von Hugo Grotius bis zu Jean-Jacques Rousseau, vgl. Pollmann und Lohmann 2012) Ideen von „natürlichen Rechten" entwarfen, die allgemeinere Charakteristika der späteren Menschenrechte wie Allgemeinheit, Gleichheit oder Unaufgebbarkeit formulierten und begründeten.

Auf sie griffen in unterschiedlicher Weise die historisch ersten Erklärungen der Menschenrechte am Ende des 18. Jahrhunderts zurück. Als eine hinreichend eigenständige Konzeption sind Menschenrechte, systematisch und historisch, erst in den revolutionären, demokratischen und *einzelstaatlichen* Verfassungen in Nordamerika (1776) und in Frankreich (1789) anzutreffen. Die ersten Menschenrechts*erklärungen* sind im Zusammenhang mit *revolutionären* Gründungs*akten* zugleich Bestand*teile* der ersten modernen demokratischen Verfassungen (vgl. Brunkhorst 2012a, 2012b; Menke und Raimondi 2011). In diesen, wie ich sie nennen möchte, *„nationalen" Konzeptionen der Menschenrechte* binden sie als verfassungsrechtliche Bürgerrechte die politischen Gewalten (Legislative, Exekutive und Judikative) der gerade gegründeten Demokratien an die Beachtung der Bürger- *und* Menschenrechte und machen so deren, in je unterschiedlicher Weise naturrechtlich begründeten (vgl. Habermas 1990), fundamentalen und auch universellen Anspruch geltend.[3]

Der universelle Anspruch der deklarierten Rechte wird daher einmal politisch gesetzt und zum anderen naturrechtlich (moralisch) begründet und benötigt zu seiner Fassung eine jeweils bestimmte, durch den jeweiligen Verfassungs- und Gesetzgeber vollzogene demokratische Meinungs- und Willensbildung und zu seiner Durchsetzung eine politische Gewaltenteilung (vgl. Brunkhorst 2012a, 2012b). Menschenrechts sind so, formal gesehen, *politisch gesetzte, rechtlich verfasste und moralisch begründete* oder begründbare *subjektive Rechte*. Sie schützen den einzelnen Menschen in seinen *fundamentalen* Belangen, Beziehungen und Interessen. Sie erheben den Anspruch, dass allen einzelnen Men-

---

3 Ich vertrete daher die Auffassung, dass bei diesen *demokratischen Konzeptionen der Menschenrechte* naturrechtliche Begründungen eine entscheidende Rolle gespielt haben. Ob man sie nun als vorgängige Konzeptionen von *Natural Rights* wie zum Beispiel bei John Locke versteht oder als konstitutives Moment der republikanischen Gesetzgebung wie im Anschluss an Jean-Jacques Rousseau, diese ersten Erklärungen der Menschenrechte setzen naturrechtliche Auffassungen von Menschenrechten voraus. Skeptisch bin ich, ob man daraus folgern kann, dass der „Naturrechtsgedanke" auch „weiterhin sinnvoll und notwendig" für jedes, das heißt auch ein heutiges, Menschenrechtsverständnis ist, siehe zum Beispiel die überzeugenden Arbeiten von Friedrich Lohmann (2015, 2019). Ich habe mich mehrmals mit der unterschiedlichen Rolle naturrechtlicher Begründungen der Menschenrechte beschäftigt (vgl. Lohmann 2017a).

schen, nur weil sie Menschen sind, in der gleichen Weise Menschenrechte zukommen; Menschenrechte sind daher, begrifflich (vom Konzept her), *universell, egalitär, individuell, kategorisch und fundamental*. Diese begrifflichen, formalen Charakteristika, die ich unter dem Namen egalitärer Universalismus zusammenfassen will, gelten auch für die spätere *internationale Konzeption der Menschenrechte* nach dem Zweiten Weltkrieg, und sie lassen sich daher als Kennzeichen eines allgemeineren, historisch gewonnenen Konzepts der Menschenrechte verstehen. Sie waren aber schon in den nationalen Konzeptionen nicht unumstritten und wurden faktisch nur selektiv und unvollständig realisiert.

Sowohl in Amerika wie später in Frankreich genügte die Wirklichkeit nicht den egalitären und universellen Ansprüchen der Menschenrechte. Menschenrechte wurden als Bürgerrechte realisiert, die nicht alle, sondern nur einige (weiße, besitzende Männer) hatten. Zwar nicht begrifflich, aber faktisch wurden Sklaven, Frauen, sogenannte „Eingeborene", nicht-weiße Menschen und weitgehend auch die Arbeiterschaft von der Trägerschaft der Menschenrechte ausgeschlossen (vgl. Joas 2015). Zudem stand der egalitäre Universalismus der deklarierten Menschenrechte von Beginn an in einer Spannung zu dem notwendigen Partikularismus der einzelstaatlich gefassten, konkreten demokratischen Selbstbestimmung (vgl. Lohmann 2011a). So schien der universelle Anspruch historisch-politisch seine normative Kraft zu verlieren, wie man beispielsweise an der noch lange anhaltenden Beibehaltung der Sklaverei in Nordamerika und an der Niederschlagung des revolutionären Sklavenaufstandes in Haiti durch französische Truppen, bei dem die Sklaven sich auf die gerade deklarierten Menschenrechte der Französischen Revolution beriefen, sehen konnte.

Im Fortgang der Geschichte aber ist der moralisch (naturrechtlich) begründete Universalitätsanspruch für die Verwirklichung der Menschenrechte, ihre *Universalisierung und Egalisierung*, von großer, auch politischer, Bedeutung und lässt sich durch politische und rechtliche Entscheidungen und durch kulturelle Vorurteile nicht mehr *normativ* außer Geltung setzen. Das kann man in der umkämpften Entwicklung eines allgemeinen und gleichen Wahlrechts für Arbeiter und Frauen im 19. und 20. Jahrhundert beispielhaft sehen, was sich aber erst nach und nach in entsprechenden Rechtsinstitutionen und Verfassungen niedergeschlagen hat.

Von jenen *nationalen Konzeptionen* unterscheidet sich die gegenwärtig dominante *internationale Konzeption* der Menschenrechte, die nach dem Zweiten Weltkrieg im Rahmen des Völkerrechts durch die *Vereinten Nationen* (VN) als Bestandteil des internationalen Rechts geschaffen wurde. Die *Allgemeine Erklärung der Menschenrechte* (AEMR) von 1948 ist nicht mehr der Selbstverpflichtung einer einzelnen nationalen Volksgemeinschaft, sondern einer *internationalen* Deklaration souveräner Staaten im Rahmen des Völkerrechts geschuldet. In der Folge verursachen die Spannungen zwischen dem traditionellen staatlichen Souveränitätsanspruch und den deklarierten „subjektiven Rechten" einzelner Menschen eine „stille Revolution des Völkerrechts" (Klein 1997), durch die – zumindest dem prinzipiellen Anspruch nach, wenn auch oftmals nicht faktisch – der verfasste Menschenrechtsschutz eines Staates nun „im Rahmen seiner bestehenden völkerrechtlichen Verpflichtungen zu einer internationalen Angelegenheit (*international concern*) geworden" (Klein 2012, S. 123) ist. Erreicht wurde diese völkerrechtliche[4] Verbindlichkeit der Menschenrechte nicht schon 1948, mit der AEMR, sondern erst mit den beiden *Internationalen Menschenrechtspakten* über *bürgerliche und politische Rechte* (IPbpR) und über *wirtschaftliche, soziale und kulturelle Rechte* (IPwskR) (1966, ausreichend ratifiziert 1976). Dafür aber

---

4 In einigen Einzelstaaten waren die Menschenrechte als verfassungsmäßige „Grundrechte" schon früher rechtsverbindlich, beispielsweise im deutschen Grundgesetz seit 1949.

müssen die Menschenrechte nicht bloß als *reine* moralische Rechte verstanden werden, wie sie aus widersprechenden Motiven von den historischen Akteuren zunächst verstanden wurden (vgl. Lohmann 2016a), sondern sie müssen nun von vornherein in den nicht aufeinander reduzierbaren Dimensionen der Politik, des Rechts und der Moral konzipiert werden (vgl. Lohmann 2016a).

Naturrechtliche Begründungen der Universalisierungs- und Egalisierungsansprüche der Menschenrechte erschienen angesichts der „Verbrechen gegen die Menschheit" als wirkungslos und diskreditiert (diese Kritik findet sich bekanntlich bei Arendt 1949; vgl. auch Rosenmüller 2012) und wurden, so kann man es rückblickend verstehen, ersetzt durch den neu gesetzten und interpretierten Begriff der Menschenwürde (vgl. Lohmann 2011b, 2018a). Er wird jetzt zur Begründung der Menschenrechte herangezogen.[5] Wie immer die konkreten Motive auch beschaffen sein mögen[6], seit den internationalen Menschenrechtspakten von 1966 fungiert „Menschenwürde" *international* als Begründung dafür, dass Menschen, die nicht eigene Staatsbürger sind, gleichwohl als Träger von Rechten in allen Staaten der Welt anerkannt werden müssen. „Menschenwürde" gibt damit souveränen Staaten einen normativen und völkerrechtlich verbindlichen Grund, Nichtstaatsbürger als gleiche Träger von Rechten anzuerkennen.

Damit aber ist zugleich ein Schritt in eine *normative* Weiterentwicklung im Verständnis der Menschenrechte gesetzt, der letztlich auf eine neue, nun *transnationale* und demokratische Konzeption der Menschenrechte hinausläuft. Denn die historisch neue Auffassung von Menschenwürde verlangt ein Rechtssystem,

---

5 Zuerst 1949 im deutschen Grundgesetz, dann in den Präambeln der beiden Internationalen Pakte von 1966.

6 Wichtig war, dass durch die Entkolonialisierung sich die Mehrheitsverhältnisse in der Generalversammlung der Vereinten Nationen geändert hatten, siehe dazu Eckel 2014, S. 291 ff.

in dem alle nicht nur als Träger ihrer Rechte gleich sind, sondern alle auch in der gleichen Weise (Mit-)Autoren ihrer Rechte sind. „Menschenwürde" enthält daher einen republikanischen (oder demokratischen) Anspruch, wie Menschenrechte bestimmt werden soll(t)en (vgl. auch Forst 2010, S. 87f.) und geht damit *normativ* weit über den damaligen und gegenwärtigen Stand völkerrechtlicher Institutionen hinaus.

Gleichwohl könnte man mit etwas Optimismus sagen: Die Menschenrechte sind gegenwärtig (im Rahmen der *internationalen Konzeption*) in vielen Staaten der Welt auf der einen Seite verfasste Grundrechte in einem (mehr oder weniger) demokratischen Staat, auf der anderen Seite aber Normen des internationalen Völkerrechts (vgl. Lohmann 2013), die auch nicht-demokratische Staaten (in unterschiedlicher Weise, zum Beispiel durch die nun als Völkergewohnheitsrecht anerkannte AEMR) binden. Zugleich entwickeln sich, angestoßen und herausgefordert durch die vielen Prozesse einer ungesteuerten Globalisierung, transnationale, regionale und globale Formen der politischen Regelung, die zumeist durch Vereinbarungen zwischen Regierungsvertretern, Experten und transnationalen Unternehmen und Organisationen zustande kommen und einen Pluralismus globaler Rechtssysteme schaffen. Diese Formen transnationaler *governance* und die Herausbildung pluraler Rechtsordnungen geschehen ohne demokratische Mitwirkung der Betroffenen, und sie sind vielfach auch nur indirekt und selektiv durch einzelstaatliche demokratische Legalisierungen gedeckt und kontrollierbar (vgl. Enderlein 2010).

Hier entstehen nun Forderungen und Ansätze für eine dritte, eine *transnationale Konzeption* der Menschenrechte, in der die demokratische Konstitution von Menschenrechten sich auch in transnationalen Verhältnissen Geltung verschaffen soll. Paradigmatisch dafür ist das Menschenrechtsregime in der Europäischen Gemeinschaft (Peters und Altwicker 2012) mit seinen (vorerst gescheiterten) Versuchen einer Europäischen Verfassung und der im Rahmen der Lissabon Verträge rechtswirksamen Grundrechtscharta. Wie aber kann und soll der universelle Gehalt der Menschenrechte mit dem scheinbar notwendigen Partikularismus demokratischer Selbstbestimmung in diesen transnationalen Verhältnissen vermittelt werden? Jürgen Habermas (2004) gibt seiner ursprünglichen Frage „Hat die Konstitutionalisierung des Völkerrechts moch eine Chance?" nun mit Hilfe der Idee einer „gespaltenen Souveränität" eine neue und differenzierte Fassung (vgl. Habermas 2013, Lohmann 2014b). Und wie sollen und können die auch hier auftretenden Begründungsanforderungen eingelöst werden? Ich werde diese komplexen Fragen hier nicht erörtern können und beschränke mich auf die Fragen, wie denn der Anspruch der universalen Geltung der Menschenrechte im Rahmen des internationalen Rechts sich verwirklichen lässt.

3 Universalisierungsprobleme in der internationalen Konzeption der Menschenrechte

Wie ihre Vorgeschichte ist auch die Entwicklung der *internationalen Konzeption* der Menschenrechte nicht ein linearer Fortschrittsprozess. Unter dem Aspekt der Realisierung ihres egalitären Universalismus will ich zunächst unterschiedliche Problembereiche untersuchen: Universalisierung und unterschiedliche Kulturen (3.1) und Universalisierung in moralischer, rechtlicher und politischer Hinsicht (3.2). In all diesen Problemfeldern lässt sich zeigen, dass die Menschenrechte zwar nicht kontinuierlich, aber doch erstaunlich an universaler Geltung gewonnen haben, zugleich aber neue Probleme oder Konflikte entstehen.

3.1 Egalitärer Universalismus der Menschenrechte und besondere Kulturen

Die Menschenrechte standen von Beginn an unter Verdacht, allein ein genuines Produkt der westlichen oder christlichen Kulturen zu sein. Die falsche Selbstsicherheit, mit der Vertreter der europäischen Kolonialmächte die normativen Standards ihrer Kultur für allgemeingültig und höherwertig als die der eroberten kolonialen Kulturen ansahen, färbte auch auf das Verständnis des egalitären Universalismus der nationalen Menschenrechtskonzeptionen ab. Zwar erhoben diese zu Recht einen universellen Anspruch, vergaßen aber, dass die Thesen von gleichem Wert und freiem Status eines jeden Menschen, die in Vorformulierungen oder Teilaspekten schon in jüdischen, griechischen, römischen, christlichen, aber auch arabischen und asiatischen kulturellen Traditionen zu finden waren, erst gegen herrschende Ansichten in ihren eigenen kulturellen und religiösen Traditionen erkämpft worden waren oder aber noch zu verwirklichen seien. Die universellen Ansprüche der Menschenrechte wurden von den Kolonialmächten eingeschränkt und zur Rechtfertigung ihrer kolonialen Herrschaft missbraucht (vgl. Eckel 2014, S. 260ff.; Osterhammel et al. 1995) und verstärkten so die Kritik am universellen Anspruch der Menschenrechte. Unterstützung fand diese ablehnende Skepsis gegenüber den Menschenrechten zudem in der Marxschen Kritik der Menschenrechte, der seine, im Ansatz richtige, Kritik dann verdrehte in eine Missinterpretation als bloße Rechte des egoistischen Bourgeois, und sie als bloße Instrumente der kapitalistischen Ausbeutung glaubte abtun zu können (vgl. Lohmann 1999, 2018c).

Vor diesem Hintergrund wundert es dann nicht, dass der egalitäre Universalismus der AEMR, die von Vertretern der 58 Gründungsstaaten der Vereinten Nationen entworfen und 1948

Menschenrechte – universal geltend?

von 50 Staaten der Generalversammlung[7] deklariert worden war, als „westlich", „eurozentristisch", „kapitalistisch", „kulturrelativistisch", „antipluralistisch" oder „kulturimperialistisch" unter Kritik geriet (vgl. Pollmann 2012). Schon früh kritisierten Ethnologen und Anthropologen den angeblichen Kulturrelativismus und insbesondere Individualismus der „westlichen" Menschenrechte (American Anthropological Association 1947), eine Kritik, die in den 1980er-Jahren von Vertretern asiatischer, afrikanischer und arabischer Länder wieder aufgenommen wurde. Weil „die" Menschenrechte im europäischen Kulturraum entstanden seien, deshalb könnten sie dort zwar „gelten", in anderen Kulturen aber nicht oder nicht auf diese Weise. Das führte nicht nur zu inhaltlich und auch systematisch abweichenden regionalen Menschenrechtserklärungen (vgl. die entsprechenden Dokumente in Bundeszentrale für politische Bildung 2004, S. 532ff.), sondern auch zu Versuchen, die AEMR durch eine „Allgemeine Erklärung der Menschenpflichten" zu ersetzen oder zu ergänzen (vgl. Lohmann 1998).

Deshalb sind besonders die Einwände zu prüfen, die bestreiten, dass die obigen formalen Charakteristika in nichtwestlichen Kulturen vorauszusetzen oder anzuwenden seien. Das ist insoweit richtig, als die Menschenrechte in der Tat nicht mit allen Kulturen vereinbar sind, sondern, wie auch in der europäischen Geschichte, langwierige und konflikthafte Wandlungs- und Änderungsprozesse verlangen, die oftmals blutig ausgekämpft wurden. Die Menschenrechte erfordern daher oder haben zur Folge eine sicherlich nicht unproblematische Änderung in vielen Kulturen. Kulturen aber sind keine homogenen, invariante Wertungsgemeinschaften, die so etwas wie einen „Artenschutz" (Habermas 1997, S. 257ff.) verlangen können, sondern sie sind konflikthafte Praxen mit umstrittenen und

---

7 Unter ihnen waren freilich fast keine Vertreter aus Asien und Afrika, da viele Kolonien noch nicht ihre nationale Selbstständigkeit errungen hatten (vgl. Morsink 1999).

gemeinsamen Wertorientierungen, und niemand ist nur Mitglied in einer Kultur oder Gemeinschaft (vgl. Sen 2010), und deshalb sind Wandlungsprozesse von Kulturen, ob nun intern gefordert oder extern herausgefordert, nicht ungewöhnlich, sondern die Regel.

Die europäischen Kolonialmächte haben diese Prozesse einseitig, verzerrend und unterdrückerisch zur Rechtfertigung ihrer kolonialen Herrschaft missbraucht, und deshalb sind Gegenbewegungen, die die Eigenarten einer gegebenen Kultur (oder auch Religion) bewahren wollen, verständlich. Aber ist die Bewahrung bestimmter kultureller oder religiöser Praxen ein akzeptabler Grund, schwerwiegende Menschenrechtsverletzungen hinzunehmen? In der Gegenwart sind es oft autoritäre oder diktatorische Machthaber oder Regime, die behaupten, dass die Menschenrechte mit „ihrer" jeweiligen Kultur (oder Religion) nicht kompatibel sind, und die versuchen, ihr diktatorisches Regime mit den angebliche Eigenheiten „ihrer" Kultur (oder Religion) zu legitimieren. Sie unterdrücken dabei die internen Prozesse eines Kulturwandels in Richtung auf Freiheit und Gleichheit aller, und diejenigen, die gegen Unterdrückung und Ungleichheit und Ungerechtigkeit in ihrem eigenen Land kämpfen, berufen sich dabei sehr wohl auf die normativen Ansprüche der internationalen Menschenrechte, wie beispielhaft im sogenannten „arabischen Frühling" (Hashemi 2013). Wie auch sonst, kann eine angemessene Beachtung der Menschenrechte weder paternalistisch gewährt, noch militärisch herbei gezwungen werden, sondern muss von den beteiligten Bürgern frei selbst errungen werden. Achtet man vor diesem historisch-politischen Hintergrund auf die Anforderungen an eine angemessene Begründungsweise des beanspruchten egalitären Universalismus, so scheinen Begründungsansätze mit starken metaphysischen oder religiösen Prämissen weniger geeignet und ein hermeneutisch sensibles Vorgehen (beeindruckend hat das Wellmer 1998 herausgearbeitet) mit schwachen, allgemein akzeptablen Prämissen eher geboten (Lohmann 2015 b), oder aber man wählt Varianten eines interkulturalistischen oder „cross-culture" Begründungsstiles (vgl. Lohmann 2012). Auch wenn man hier durchaus einen Begründungspluralismus durch unterschiedliche Moralkonzeptionen einräumen kann (so auch Gosepath 2008; Kühnhardt 1987; Forst 2010; Brunozzi 2013; Lohmann 2011c), so ist doch, was begründet werden soll, der egalitäre Universalismus der Menschenrechte nicht beliebig, sondern durch die Geschichte *und* durch akzeptable Begründungen gegeben.

3.2 Egalitäre Universalisierung in der internationalen Konzeption

Trotz ihrer kontingenten Entstehung und ihrer weiterhin umstrittenen Entwicklung lassen sich die internationalen Menschenrechte, in denen der universelle und egalitäre Anspruch der Menschenrechte zwar nicht unumkehrbar, aber doch auf eine erstaunliche Weise sich verfestigt und in Etappen realisiert hat, als Ergebnis praktischer Lernprozesse der Völkergemeinschaft verstehen, die freilich durch Konstruktionsfehler der internationalen Konzeption konterkariert werden. Analytisch lassen sich diese Entwicklungen in moralischer (a), rechtlicher (b) und politischer (c) Hinsicht voneinander abheben, in der geschichtlichen Wirklichkeit sind sie miteinander verwoben.

a) In *moralischer* Hinsicht erscheint der universelle Anspruch der Menschenrechte immer umfassender begründet werden zu können. Die moralischen Begründungen beziehen sich dabei auf die normativen Behauptungen, die mit den durch internationale Verträge oder nationale Verfassungen politisch gesetzten, rechtlich gefassten Menschenrechten verbunden sind. Auf diese Weise entwickeln sie sich zu einem globalen normativen Maßstab legitimer staatlicher Gewalt. Das ist selbst etwas historisch Neues[8] und für die Zukunft die Kennzeichnung einer neuen Entwicklungsstufe, hinter die, normativ gesehen, nicht ohne Begründungsverlust zurückgegangen werden kann.

Faktisch aber sind die, mit den Menschenrechten *formal* gegebenen Ansprüche auf Universalität, Egalität, Individualität und Kategorizität ebenso wie die jeweils *inhaltlichen* Bestimmungen eines konkreten Menschenrechts umstritten und die These selbst erläuterungsbedürftig. Ein moralisches Verständnis der Menschenrechte war historisch motivierend für die Formulierung des egalitären Universalismus der Menschenrechte und für die Forderungen nach einer politisch internationalen und völkerrechtlichen Institutionalisierung (vgl. Eckel 2014, S. 60ff.), gleichwohl müssen die normativen Behauptungen, die politisch gesetzt und rechtlich in den Menschenrechtsdokumenten formuliert sind, dann nochmal moralisch geprüft und begründet werden. Dabei sind die Strukturunterschiede zwischen Moral, Recht und Politik zu beachten. Das politisch Gesetzte und das rechtlich Gefasste gehen auf Legitimität beanspruchende, letztlich aber gemeinsame, öffentliche *Entscheidungen* einer politischen Rechtsgemeinschaft oder auf beauftragte Instanzen der Rechtsanwendung und -durchsetzung zurück. Das moralisch Richtige aber basiert nicht auf gemeinsamen *Entscheidungen* einer moralischen Gemeinschaft, sondern auf überzeugenden *Gründen*. Was als gelungene Begründung akzeptiert werden kann, kann nicht durch rechtliche oder politische Entscheidungen hergestellt oder ersetzt werden. Aus diesen, durch Entscheidungen nicht zu bindenden moralischen Überzeugungen speist sich die *politische* Kraft und Bedeutung rein

---

8 Diesen Punkt betont auch Gosepath (2010, S. 18): „Mit den Menschenrechten (ist) etwas erreicht, was in der bisherigen Geschichte ohne Beispiel ist: eine globale, transkulturelle und transnationale moralische Ordnung".

moralischer Auffassungen der Menschenrechte: Was, moralisch gesehen, als richtig behauptet wird, weiß sich gegenüber politischen oder sonstigen Einwänden immun; moralisch begründete Menschenrechte bleiben zu fordernde Menschenrechte, auch wenn sie aus politischen oder anderen Gründen sich nicht rechtlich durchgesetzt haben (vgl. Lohmann 2017b).

Darüber hinaus bezieht sich der moralische Begründungsanspruch nicht bloß auf die Vorgaben und Resultate der politischen Rechtssetzung und juridischen Rechtsanwendung, sondern ebenso auf die Prozesse der Rechtssetzung und Rechtsanwendung selbst. Nimmt man nun als normativen Maßstab für die Entwicklung der Menschenrechtskonzeption die These der Gleichheit aller Rechte und jenen oben angesprochenen republikanischen oder demokratischen Gehalt der neu entworfenen Menschenwürde, nach der die Träger der Menschenrechte auch ihre Mitautoren sein sollen, so erfüllt die internationale Konzeption diese Ansprüche wegen ihres Demokratiemankos nur höchst unzureichend. Es ist auch konzeptionell offen, ob und wie eine transnationale Konzeption der Menschenrechte diese Ansprüche erfüllen könnte. Die ungebundene Moral scheint daher die Menschenrechtskonzeptionen selbst zu überfordern, auf jeden Fall aber treibt sie die gegenwärtigen Formen als noch verbesserungsfähig vor sich her.

Zugleich haben sich aber auch die Ansprüche verändert, die an eine akzeptable moralische Begründung zu stellen sind. In den *nationalen* Menschenrechtskonzeptionen waren die Menschenrechte natur- oder vernunftrechtlich begründet und beriefen sich dabei mit Natur oder Vernunft auf gewissermaßen externe oder vertikal zu verstehende Begründungsinstanzen, denen die politischen Rechtssetzungen zu folgen glaubten. In der *internationalen* Konzeption erscheint es so, als ob die Menschenrechte sich aus den jeweiligen Interessen souveräner Staaten ergeben, die durch wechselseitige Verträge sich nur auf der Basis von Selbstverpflichtungen binden. Das ist sicherlich einer der Gründe, warum hier naturrechtlich klingende Formulierungen wie „angeborene Rechte" oder „innewohnende Würde" verwendet wurden oder als Begründungsmodelle noch attraktiv erschienen, die gewissermaßen die Rechtfertigung für das Haben von Menschenrechten noch auf eine Instanz jenseits der konkreten Vertragspartner beziehen.

Nicht nur anhand der neuen Begründungsfunktion der „Menschenwürde" kann man sich aber klarmachen, dass nun nur „horizontale" Begründungsmodi angemessen sind, weil die grundlegende Gleichwertigkeit aller Menschen es ausschließt, dass nur einige die Menschenrechte setzen und begründen, auch wenn sie sie für alle gleich setzen würden. Deshalb müssen auch bei den Begründungen der entsprechenden normativen Ansprüche alle in der gleichen Weise, also diskursiv, beteiligt sein können. Dieser horizontale Begründungsmodus (so auch die Argumentation von Forst 2007) ist aber nicht so zu verstehen, als ob er von der politischen Forderung demokratischer Rechtssetzung abgeleitet würde. Er ist durchaus aus moraltheoretischen und begründungstheoretischen Überlegungen eigenständig zu gewinnen (diese Idee lag von Anfang an der Diskursethik von Jürgen Habermas 2009 zu Grunde; vgl. auch Forst 2007; meine eigene Position in Lohmann 2014a). Aus dieser reflexiven Begründungsperspektive zeigt sich das demokratische Manko einer nur völkerrechtlich vertraglichen Konstitution der Menschenrechte überdeutlich, und der begründungstheoretisch aufgeklärte moralische Lernprozess fordert dann auch einen Wandlungsprozess in Richtung auf eine demokratische Rechtssetzung der Menschenrechte, also eine transnationale Menschenrechtskonzeption.

b) In *rechtlicher* Hinsicht gibt es gegenüber den *nationalen* Menschenrechtskonzeptionen eine Reihe von entscheidenden Erweiterungen: Der Umfang der Rechte ist nicht mehr nur auf Freiheits-

und Eigentumsrechte und einige politische Rechte beschränkt, sondern um wirtschaftliche, soziale und kulturelle Rechte erweitert. Zunächst wurden diese sozialen Rechte wie Rechte zweiter Klasse behandelt, und ihre Sonderbehandlung im Sozialpakt von 1966 (IPwskR) zeigt, dass die mit ihnen verbundenen Pflichten gewissermaßen in das Belieben nationaler Souveränität gestellt werden. Solange darüber hinaus die Menschenrechte vornehmlich nur als Abwehrrechte gegenüber staatlicher Willkür und Gewalt verstanden wurden und sie nur als „negative" Rechte in dem Sinne verstanden wurden, dass ihnen nur negative Pflichten entsprechen, war diese Entschärfung auch normativ unauffällig und weitgehend akzeptiert. In dem Maße aber, wie sie, auch dies ein historischer Lernprozess, zunehmend als Rechte aufgefasst werden, denen negative und positive Pflichten (*to respect, to protect and to help or fulfil*) entsprechen (zur Geschichte dieser Entwicklung vgl. Nowak 2002; zur Systematik vgl. Mieth 2012), werden die mit ihnen verbundenen Rechtspflichten normativ unabweislicher und für nationale und transnationale Regelungen eine Herausforderung (vgl. Lohmann 2000).

Parallel zu diesen Erweiterungen in den normativen Inhalten der Menschenrechte werden nun eine Vielzahl von völkerrechtlichen und regionalen Menschenrechtskonventionen (vgl. Tomuschat 2008) verabschiedet, die die „Differenzierung und Spezifizierung bei der menschenrechtlichen Normierung" (vgl. Klein 2012) vorantreiben, sodass man schon von einer „Normenflut" sprechen kann, die die Staaten zu überfordern scheint (vgl. Peters 2012). Hierher gehören auch die umstrittenen Verhältnisse zwischen internationalen Menschenrechten, Völkerrecht und dem humanitären Völkerrecht (dazu unten). Die Komplexität der Normierungen führt zu dauernden Interpretationsproblemen, die aber bleiben zunächst in der Hand von (unabhängigen) Experten, die als beauftragte Vertreter einzelner souveräner Staaten die internationalen Menschenrechtsregime gestalten und weiterentwickeln (zum Beispiel in den General Comments, vgl. Deutsches Institut für Menschenrechte 2005), und die dabei bestenfalls durch demokratische Entscheidungen in den einzelnen Staaten, oftmals unzureichend, kontrolliert werden.

Auch in Hinsicht auf Rechtsanwendung und -durchsetzung der durch Menschenrechte begründeten Pflichten ist eine erstaunliche, in der Gründungsphase der VN nicht absehbare Entwicklung zu verzeichnen (zusammenfassend Klein 2012, S. 126ff.). Von Monitoring-Verfahren bei fast allen Konventionen, über Berichts- und Beschwerdeverfahren, der Bildung von speziellen VN-Gremien zur Sicherung und Durchsetzung von Menschenrechten (VN-Hochkommissar für Menschenrechte, VN-Menschenrechtsrat) bis zur Bildung transnationaler, regionaler (paradigmatisch europäischer) und globaler Menschenrechtsgerichte (vgl. Schmahl 2012) reicht die Palette von immer mehr und immer differenzierteren Institutionen der Rechtsdurchsetzung und -sicherung, die den Menschenrechten universale Geltung verschaffen. Zugleich aber werden ihre wesentlichen Schwächen immer deutlicher: Sie bleiben von den kontingenten Entscheidungen der souveränen Vertragsstaaten weitgehend abhängig und sind häufig auch nur unter der vorrangigen Bedingung der Beachtung nationaler Selbstbestimmung selbst konzipiert. Im Völkergewohnheitsrecht und in den allgemeinen Rechtsprinzipien sind zwar weitere Rechtsquellen des Völkerrechts anzuerkennen, die durchaus universelle und grundlegende Impulse zur Geltung bringen können und in eingeschränkten Bereichen auch solche Staaten binden, die nicht durch entsprechende Verträge sich gebunden haben (*jus cogens,* vgl. Klein 2012, S. 125f.). Und auch wenn die bei vielen Konventionen nachträglich eingeführten Individualbeschwerdeverfahren ein Fortschritt im Menschenrechtsschutz sind (vgl. Weiß 2004), so bleibt doch die Rechtsdurchsetzung für den Einzelnen in der Regel auf einen gut funktionierenden demokratischen Verfassungsstaat verwiesen. Nur im europäischen Raum sind individuelle Klagen vor transnationalen europäischen Gerichten möglich, ein „Weltgerichtshof für Menschenrechte" (Nowak 2002) erscheint aus unterschiedlichen Gründen umstritten.

Nur noch hinweisen kann ich auf die Entwicklungen im globalen Recht. Hier vermischen sich das Völkerrecht der Menschenrechte mit unterschiedlichen Varianten von *Soft Law* und zivilen Rechtsregimen internationaler Unternehmen und Akteure. Der allgemein festgestellte Rechtspluralismus auf der globalen Ebene ist eine besondere Herausforderung für den Menschenrechtsschutz, der von der traditionellen ILO (International Labour Organisation) über freiwillige Verantwortungsregelungen, wie „Global Compact", bis zu den Versuchen, direkte Menschenrechtsverpflichtungen internationaler Unternehmen zu schaffen, reichen.

Insgesamt kontrastiert eine immer umfassendere und differenzierter werdende Produktion von rechtlichen Normen mit zwar erstaunlichen Entwicklungen in den Institutionen der Rechtsdurchsetzung und Rechtskontrolle, die aber insgesamt doch schwach, selektiv und opportunistisch von den Entscheidungen souveräner Staaten abhängig bleiben und/oder aber nur über unzureichende Sanktionsmittel verfügen.

c) In *politischer* Hinsicht ist sicherlich der Wandlungsprozess staatlicher Souveränität eine erstaunliche, wenn auch umstrittene Entwicklung. Ist schon mit Gründung der Vereinten Nationen die klassische westfälische Souveränitätskonzeption in ihren Außenbeziehungen eingeschränkt, so bewirkt die nach und nach etablierte internationale Kontrolle innerstaatlichen Menschenrechtsschutzes (wichtig, wenn auch umstritten: International Commission on Intervention and State Sovereignty 2001) nicht nur eine Einschränkung der klassischen Souveränitätskompetenzen nach innen, sondern geradezu eine Wandlung des Souveränitätsbegriffes selbst: Souverän ist ein Staat nun, wenn er gegenüber Verfassung und Menschenrechten verantwortlich handelt (vgl. Habermas 1996). Doch ist dieser Verantwortungsbegriff der Souveränität so etwas wie ein normatives Ideal, in der internationalen Menschenrechtskonzeption normativ angelegt, aber politisch umstritten, und, schaut man auf gegenwärtig zu beobachtende Renationalisierungstendenzen in der internationalen Politik und die formal-demokratisch ermöglichte Herausbildung neuer autoritativer Regime, offenbar in weiter Ferne.

Ähnlich zwiespältig erscheint die Behebung des oben schon häufiger angesprochenen demokratischen Mankos der internationalen Konzeption. Normativ gesehen verlangen unterschiedliche moralische Überlegungen und die Begründungsfunktion der „neuen" Menschenwürde, dass die Menschen nicht nur Träger, sondern auch Mitautoren ihrer Rechte sind oder sein können. Dazu müsste die Rechtsstellung des Einzelnen nicht nur hinsichtlich seiner Rechtsfähigkeit international entwickelt werden (vgl. Peters 2014), sondern auch die Rechtssetzung selbst, nicht nur in nationalen sondern auch regionalen und globalen Umfängen, demokratisch organisiert sein[9], statt wie bisher wesentlich den Entscheidungen klassisch souveräner Staaten zu folgen. Aber nicht nur aus normativer Perspektive, auch aus einer Vielzahl neuartiger Probleme[10] sind transnationale politische Regelungen und Rechtssetzungen erforderlich. Dafür sind die vorhandenen *Governance*-Verfahren (beispielsweise G 7- oder G 20-Treffen) in vielen Hinsichten zu

---

9 Obwohl es kein explizites Menschenrecht auf Demokratie gibt, scheint es doch überzeugend zu sein, dass eine ungeschmälerte Realisierung aller politischen Menschenrechte eine demokratische politische Selbstbestimmung bewirken würde (vgl. Lohmann 2011a).

10 Eine Reihe von Stichworten mögen die Problemfülle umreißen: deregulierter globaler Kapitalismus, internationale Finanzkrise, global produzierte Armut, unfairer Welthandel, Klimawandel, Umweltschutz und Friedenssicherung!

unwirksam oder zu selektiv. Und die Mängel der völkerrechtlichen Willensbildungen der Vereinten Nationen sind offensichtlich: Sie sind in ihren Entscheidungen normativ selektiv, haben mit dem Organ des Sicherheitsrates ein oft willkürlich und nach Maßgabe partikularer nationaler Machtinteressen entscheidendes Instrument und sind in der Durchsetzung von Resolutionen und Beschlüssen oftmals wirkungslos (vgl. Brunkhorst 2002, S. 193ff.). Daher gibt es nun eine intensiv geführte Diskussion, wie aus der Perspektive der Menschenrechte globale Demokratisierungen der vorhandenen internationalen Strukturen der VN gestaltet werden könnten und sollten (von Höffe 2001 bis zu Habermas 2013, vgl. auch Klabbers et al. 2011).

Wie auch immer die Kämpfe um eine rechtliche und politische Realisierung des egalitären Universalismus der Menschenrechte sich entwickeln, sie werden von einer engagierten Öffentlichkeit getragen, beobachtet, kritisiert und beeinflusst (vgl. Lohmann 2016b). Zivile Öffentlichkeiten, in nationalen wie transnationalen bis globalen Umfängen, sind höchst komplexe Netzwerke (vgl. statt vieler Peters 2007, S. 283ff., der die Differenzierungen und Fragmentierungen transnationaler Öffentlichkeiten heraushebt). Man kann sie zunächst einmal als die sozialen Orte ansehen, in denen die praktischen Lernprozesse situiert sind, die eine Universalisierung der Menschenrechte begründen und fordern können. Sie bleiben *einerseits* aber „schwache Öffentlichkeiten", so lange sie nur Meinungen produzieren und sich nicht an „starke Öffentlichkeiten" (Fraser 1992) anbinden können, die öffentliche Meinungsäußerungen in institutionalisierten Prozessen der politischen und rechtlichen Willensbildung zu rechtsetzenden Verfahren verarbeiten. *Andererseits* verfügen sie über eine große, ereignishaft und meistens kampagnenhaft wirkende politische *Power*, wenn sie über Nichtregierungsorganisationen (NGOs) und spezielle Menschenrechtsorganisationen durch *Naming, Blaming and Shaming*

Menschenrechtsverletzungen öffentlich skandalisieren und auf Abhilfe drängen können (vgl. Mihr 2012). Im neu geschaffenen Menschenrechtsrat in Genf (vgl. Karrenstein 2011; Schmahl 2012) haben sie sogar durch die Institution von „Schattenberichten" einen quasi offiziellen und anerkannten Status gefunden.

4 Gelten die internationalen Menschenrechte auch im humanitären Völkerrecht?

Traditionell wird von drei unterschiedlichen internationalen Rechtsregimen gesprochen: sogenanntes Kriegsrecht (humanitäres Völkerrecht, HVR), sogenanntes Friedensrecht (Völkerrecht oder Internationales Recht, IR) und Menschenrechte (internationale Konzeption). Während HVR und IR durch völkerrechtliche Verträge souveräner Staaten, Völkergewohnheitsrecht und Rechtsprinzipien entstehen und Beziehungen zwischen Staaten regeln, haben Menschenrechte davon unterschiedene Entstehungsmodi und regeln die Beziehungen zwischen Staaten und einzelnen Menschen, indirekt auch zwischen einzelnen Menschen. Es ist schon deutlich geworden, dass die Menschenrechte die anfänglichen Strukturen des Internationalen Rechts verändert haben, und so ist auch zu vermuten, dass das HVR sich diesem Veränderungsdruck der Menschenrechte nicht entziehen kann, auch wenn im HVR nicht explizit von Rechten, sondern von „Schutzstandards für Menschen" (vgl. den Beitrag von Heinz in diesem Band) die Rede ist.

Ein erster Schritt in Richtung auf eine menschenrechtsaffine Umgestaltung der HVR wäre die Beachtung ihrer Menschen*rechte* während zwischenstaatlicher, kriegerischer Auseinandersetzungen, so dass die Menschen nicht nur Schutz*objekte* des HVR sind, sondern zunehmend auch als Rechts*subjekte* anerkannt und beachtet

Menschenrechte – universal geltend?

werden müssen.[11] Das aber setzt voraus, dass die traditionelle Trennungsthese zwischen HVR und IR, nach der im Kriegsfall das HVR die „friedensvölkerrechtlichen" Menschenrechte verdrängt, zurückgewiesen wird. Diese Position wurde teilweise noch bis zum zweiten Weltkrieg und wird heute noch von Israel und den USA (mit Berufung auf den *Lex-specialis*-Grundsatz, nach dem das speziellere Recht das allgemeinere Recht verdrängt) vertreten (vgl. Schäfer 2012). Es scheint so, dass die „herrschende Meinung" aber von einem „Nebeneinander" der Anwendbarkeit von Menschenrechten und HVR ausgeht. Das ist auch ganz unproblematisch, wenn und solange keine Konflikte zwischen Menschenrechten und HVR bestehen oder im Einzelfall vorliegen. Wenn aber Kollisionen entstehen, lassen diese sich offenbar zwar durch Interpretationen und genauere Rechtsauslegung entschärfen, ganz verhindern aber nicht (vgl. Schäfer 2012, S. 379f.; ausführlich Heintze 2003; Schäfer 2006, S. 43ff.). Bei einigen „elementaren" Menschenrechten, wie dem Recht auf Leben[12], Verbot von Folter und unmenschlichen Strafen und dem Recht auf ein ordentliches Strafverfahren, die auch als notstandsfest angesehen werden, besteht, auch aus Gründen des Völkergewohnheitsrechts, eine in beiden Rechtsgebieten zwingende Verpflichtung, sie ausnahmslos zu achten (Schäfer 2006, S. 62ff.). Das heißt aber auch, dass andere Menschenrechte durchaus durch das HVR eingeschränkt werden können, wenn im Einzelfall dafür zwingende Gründe gefunden werden.

---

11 Ich muss an dieser Stelle die Rolle von Menschenrechten in der neu und weiter zu entwickelnden Doktrin einer Schutzverantwortung *Responsibility to Protect* (R2P), die das traditionelle HVR auf innerstaatliche, gewaltsame Konflikte auszudehnen oder zu übertragen versucht, unbehandelt lassen (vgl. Winkelmann 2006).
12 Das aber in den internationalen Menschenrechten und im HVR nicht absolut gilt (vgl. Schmitz 2012).

Damit wird ein umfassendes Problem sichtbar, dass ich bisher nicht angesprochen habe, und auf das ich hier auch nur hinweisen kann. Der normative Gehalt der Menschenrechte impliziert meines Erachtens keine umfassende Theorie des Guten. Menschenrechte sind deshalb, anders als von absoluten Auffassungen der Menschenrechte her gesehen, nicht in *allen* Abwägungssituationen „Trümpfe" (Ronald Dworkin), die andere entgegenstehende Interessen ausstechen, obwohl sie das, politisch und rechtlich entschieden und moralisch begründbar, in vielen Situationen, zum Beispiel im Konflikt mit ökonomischen Interessen, leisten oder leisten sollten. Für unsere Problemstellung ergibt sich daraus die Frage: Können Menschenrechtsverletzungen (und wenn ja, welche?) in Kauf genommen werden, um den zwischenstaatlichen Frieden zu sichern?

Die Menschenrechte schützen die Belange des einzelnen (auch vereinzelten) Menschen; sie sind nur vermittelt über die subjektiven Rechte des Einzelnen auf den Schutz der für menschliches Leben notwendigen oder fundamental wichtigen Sachverhalte wie Gemeinschaften, Kulturen, Umwelt, Natur oder Religion und eben zwischenstaatlichen Frieden bezogen. Sie sind unmittelbar spezialisiert auf den *subjektiv rechtlichen* Schutz des Einzelnen und nur mittelbar auf den Schutz oder die Erhaltung dieser menschliches Leben umfassenden Sachverhalte. Im historisch sich entwickelnden Verständnis der internationalen Konzeption der Menschenrechte hat man zwar für einige dieser Sachverhalte (Entwicklung, Umwelt, Selbstbestimmung und Frieden) die sogenannten Menschenrechte der sogenannten *dritten Generation* (vgl. Kämpf 2012; Riedel 1989) entwickelt, in denen der Träger der Menschenrechte ein Kollektiv sein soll und in denen es auch ein individuelles und/oder kollektive Recht auf Frieden geben soll – diese sind aber insgesamt nicht rechtsverbindlich und konzeptionell umstritten (vgl. Kämpf 2012, S. 302f.). Meines Erachtens verdeckt die Redeweise von Menschenrechten der dritten Generation den immer

Menschenrechte – universal geltend?

möglichen Konflikt zwischen den Rechten des Einzelnen und den Interessen seiner oder ihrer Gemeinschaft und des Schutzes überindividueller Sachverhalte. Im Konfliktfall schützen die Menschenrechte den Einzelnen auch gegen seine Gemeinschaft oder gegen Sicherungen der Umwelt und eventuell gegen die Herstellung oder Sicherung eines durch Krieg bedrohten zwischenstaatlichen Friedens. Aber sie tun das nicht absolut, sondern unter vertraglich festgelegten Bedingungen, mit der Möglichkeit der Derogation („Notstandsregelungen") und eben auch des Zurücktretens eines Menschenrechtsschutzes.

Wie aber sollen in solchen (immer möglichen) Konfliktsituationen die subjektiven Menschenrechte des Einzelnen gegen die (oder mit den) Interessen oder Forderungen solcher überindividuellen Sachverhalte abgewogen werden. Wenn also die subjektiven Menschenrechte nicht explizit den zwischenstaatlichen (negativen) Frieden (= keine kriegerische zwischenstaatliche Gewalt) sichern, sondern die (bestimmten) Rechte aller Einzelnen, dann sind durch die *vorrangige* Sicherung individueller Menschenrechte Situationen der Konfliktsteigerungen denkbar, in denen der zwischenstaatliche Friede gerade durch die Sicherung/Verwirklichung individueller Menschenrechte gefährdet wird. Gegebenenfalls wäre deshalb eine relative oder beschränkte Verletzung oder Missachtung der Menschenrechte durch einen Staat pragmatisch zu tolerieren (das heißt nicht zu rechtfertigen, aber hinzunehmen), um einen kriegerischen Gewaltkonflikt zu verhindern, nicht entstehen zu lassen oder zu beenden. In Bezug auf das HVR könnte man dazu drei Positionen diskutieren:

a. *Uneingeschränkter Vorrang des HVR:* Das HVR ist, wie bisher, ganz ohne Bezug auf Menschenrechte zu konzipieren. Völkerrechtlicher zwischenstaatlicher (negativer) Frieden kann ohne

Bezug auf individuelle Menschenrechte gesichert und geschützt werden. Im Konfliktfall hat die Friedenssicherung Vorrang.
b. *Uneingeschränkter Vorrang der Menschenrechte:* Das HVR wird auf die vollständige, vorrangige Beachtung der Menschenrechte umgestellt. Dabei/dadurch wird der Begriff des negativen Friedens aufgegeben und durch den des positiven Friedens ersetzt. Frieden ist dann nur noch durch die Sicherung/Schutz der individuellen Menschenrechte zu erreichen, ein bloßer negativer Frieden (keine kriegerische Gewalt) ist kein Frieden.
c. *Abwägungsmodell:* Mögliche Konflikte zwischen individuellem Menschenrechtsschutz und zwischenstaatlicher Friedenssicherung werden konzeptionell eingeräumt und durch öffentliche Verfahren der Abwägung zu lösen versucht. Zielbestimmungen von HVR und internationalem Menschenrechtsschutz werden miteinander verbunden und gestaffelt konzipiert (kurzfristig hat ein „negativer" Frieden Vorrang, langfristig ist „positiver" Frieden die bessere Friedenssicherung).

Die hier vorgelegten Überlegungen argumentieren für das Abwägungsmodell. Aber sie müssen einräumen, dass mit diesem aufgerissenen Problem mehr Fragen offen, als beantwortet worden sind. Die Menschenrechte gelten universal – aber nicht absolut.

Literatur

American Anthropological Association. 1947. Statement on Human Rights. *American Anthropologist* 49 (4): 539–543.
Arendt, Hannah. 1949. Es gibt nur ein einziges Menschenrecht. *Die Wandlung* 4: 754–770.

Bielefeldt, Heiner. 1998. *Philosophie der Menschenrechte*. Darmstadt: Wissenschaftliche Buchgesellschaft.
Brunkhorst, Hauke. 2002. *Solidarität. Von der Bürgerfreundschaft zur globalen Rechtsgenossenschaft*. Frankfurt a. M.: Suhrkamp.
Brunkhorst, Hauke. 2012a. Die amerikanische Unabhängigkeitserklärung und die Virginia Declaration of Rights von 1776. In *Menschenrechte. Ein interdisziplinäres Handbuch*, hrsg. von Arnd Pollmann und Georg Lohmann, 91–98. Stuttgart: Metzler.
Brunkhorst, Hauke. 2012b. Die Französische Revolution und die Erklärung der Rechte des Menschen und des Bürgers von 1789. In *Menschenrechte. Ein interdisziplinäres Handbuch,* hrsg. von Arnd Pollmann und Georg Lohmann, 99–105. Stuttgart: Metzler.
Brunozzi, Philippe (Hrsg.). 2013. *Transkulturalität der Menschenrechte. Arabische, chinesische und europäische Perspektiven*. Freiburg/München: Alber.
Bundeszentrale für politische Bildung (Hrsg.). 2004. *Menschenrechte. Dokumente und Deklarationen*. 4. Aufl. Bonn: bpb.
Deutsches Institut für Menschenrechte (Hrsg.). 2005. *Die „General Comments" zu den VN-Menschenrechtsverträgen*. Baden-Baden: Nomos.
Eckel, Jan. 2014. *Die Ambivalenz des Guten. Menschenrechte in der internationalen Politik seit den 1940ern*. Göttingen: Vandenhoeck & Ruprecht.
Enderlein, Hendrik (Hrsg.). 2010. *Handbook on Multi-Level Governance*. Cheltenham: Edward Elger Publishing.
Forst, Rainer. 2007. *Das Recht auf Rechtfertigung. Elemente einer konstruktivistischen Theorie der Gerechtigkeit*. Frankfurt a. M.: Suhrkamp.
Forst, Rainer. 2010. Die Rechtfertigung der Menschenrechte und das grundlegende Recht auf Rechtfertigung. Eine reflexive Argumentation. In *Universelle Menschenrechte und partikulare Moral,* hrsg. von Gerhard Ernst und Stephan Sellmaier, 63–96. Stuttgart: Kohlhammer.
Fraser, Nancy. 1992. Rethinking the Public Sphere. A Contribution to the Critique of Actually Existing Democracy. In *Habermas and the Public Sphere*, hrsg. von Craig Calhoun, 109–142. Cambridge: MIT Press.
Goppel, Anna. 2012. Internationale Gerichtsbarkeit. In *Menschenrechte. Ein interdisziplinäres Handbuch,* hrsg. von Arnd Pollmann und Georg Lohmann, 401–406. Stuttgart: Metzler.
Gosepath, Stefan. 2008. Universalität der Menschenrechte – Ein Erklärungsansatz. In *Gelten Menschenrechte universal? Begründungen und*

Infragestellungen, hrsg. von Günter Nooke, Georg Lohmann und Gerhard Wahlers, 195–203. Freiburg: Herder.

Gosepath, Stefan. 2010. Der Sinn der Menschenrechte nach 1945. In *Universelle Menschenrechte und partikulare Moral*, hrsg. von Gerhard Ernst und Stephan Sellmaier, 17–32. Stuttgart: Kohlhammer.

Habermas, Jürgen. 1990. Naturrecht und Revolution. In Habermas, Jürgen. *Theorie und Praxis,* 89–127. Frankfurt a. M.: Suhrkamp.

Habermas, Jürgen. 1996. Der europäische Nationalstaat – Zu Vergangenheit und Zukunft von Souveränität und Staatsbürgerschaft. In Habermas, Jürgen. *Die Einbeziehung des Anderen,* 128–153. Frankfurt a. M.: Suhrkamp.

Habermas, Jürgen. 1997. Kampf um Anerkennung im demokratischen Rechtsstaat. In Habermas, Jürgen. *Die Einbeziehung des Anderen,* 237–276. Frankfurt a. M.: Suhrkamp.

Habermas, Jürgen. 2004. *Der gespaltene Westen.* Frankfurt a. M.: Suhrkamp.

Habermas, Jürgen. 2009. Diskursethik. In Habermas, Jürgen. *Philosophische Texte,* Bd. 3. Frankfurt a. M.: Suhrkamp.

Habermas, Jürgen. 2013. *Im Sog der Technokratie.* Frankfurt a. M.: Suhrkamp.

Hashemi, Nader. 2013. The Arab Spring Two Years On. Reflections on Dignity, Democracy, and Devotion. *Ethics and International Affairs* 27: 207–221.

Heintze, Hans-Joachim. 2003. Zum Verhältnis von Menschenrechtsschutz und humanitärem Völkerrecht. *Humanitäres Völkerrecht – Informationsschriften 2003*: 172–181.

Höffe, Otfried. 2001. *Demokratie im Zeitalter der Globalisierung.* München: Beck.

International Commission on Intervention and State Sovereignity. 2001. *The Responsibility to Protect.* Ottawa: IDRC.

Joas, Hans. 2015. *Sind die Menschenrechte westlich?* München: Kösel.

Kämpf, Andrea. 2012. Menschenrechte der „dritten Generation". In *Menschenrechte. Ein interdisziplinäres Handbuch*, hrsg. von Arnd Pollmann und Georg Lohmann, 294–304. Stuttgart: Metzler.

Karrenstein, Daniela. 2011. *Der Menschenrechtsrat der Vereinten Nationen.* Tübingen: Mohr Siebeck.

Kaufmann, Matthias. 2016. *Recht.* Berlin: de Gruyter.

Klabbers, Jan, Anne Peters und Geir Ulfstein. 2011. *The Constitutionalization of International Law*. Oxford: Oxford University Press.

Klein, Eckhart. 1997. *Menschenrechte. Stille Revolution des Völkerrechts und Auswirkungen auf die innerstaatliche Rechtsanwendung*. Baden-Baden: Nomos.

Klein, Eckhart. 2012. Die völkerrechtliche Entwicklung nach 1948. In *Menschenrechte. Ein interdisziplinäres Handbuch*, hrsg. von Arnd Pollmann und Georg Lohmann, 123–128. Stuttgart: Metzler.

Kühnhardt, Ludger. 1987. *Die Universalität der Menschenrechte*. München: Olzog.

Lohmann, Friedrich. 2015. Abusus non tollit usum. Warum der Naturrechtsgedanke weiterhin sinnvoll und notwendig ist. In *Natur des Menschen*, hrsg. von Daniel Bogner und Cornelia Mügge, 83–108. Freiburg: Academic Press und Wien: Herder.

Lohmann, Friedrich. 2019. Gerechter Frieden und Menschenrechte. In *Eine Theologie der Menschenrechte*, hrsg. von Sarah Jäger und Friedrich Lohmann, 47–120. Wiesbaden: Springer VS.

Lohmann, Georg. 1998. Warum keine Deklaration von Menschenpflichten? Zur Kritik am Inter-Action Council. *Widerspruch* 18 (35): 12–24.

Lohmann, Georg. 1999. Karl Marx' fatale Kritik der Menschenrechte. In *Politisches Denken. Jahrbuch 1999*, hrsg. von Karl Graf Ballestrem, 91–104. Stuttgart: Metzler.

Lohmann, Georg. 2000. Soziale Menschenrechte und die Grenzen des Sozialstaats. In *Politische Philosophie des Sozialstaats*, hrsg. von Wolfgang Kersting, 351–371. Weilerwist: Velbrück Wissenschaft.

Lohmann, Georg. 2011a. Demokratie und Menschenrechte, Menschenrechte und Demokratie. *Jahrbuch für Recht und Ethik* 19: 145–162.

Lohmann, Georg. 2011b. Menschenwürde als „soziale Imagination". Über den geschichtlichen Sinn der Deklaration der Menschenrechte und Menschenwürde nach 1945. In *Facetten der Menschenwürde,* hrsg. von Nikolaus Knoepffler, Peter Kunzmann und Martin O'Malley, 54–74. Freiburg: Alber Verlag.

Lohmann, Georg. 2011c. Unterschiedliche Kulturen – warum universelle Menschenrechte? In *Humanismus. Sein kritisches Potential für Gegenwart und Zukunft*, hrsg. von Adrian Holderegger, 217–232. Fribourg: Academie Press.

Lohmann, Georg. 2012. Interkulturalismus und „cross-culture". In *Menschenrechte. Ein interdisziplinäres Handbuch*, hrsg. von Arnd Pollmann und Georg Lohmann, 210–215. Stuttgart: Metzler.
Lohmann, Georg. 2013. „Menschenrechte zwischen Verfassung und Völkerrecht". In *Der Staat im Recht*, hrsg. von Marten Breuer, Astrid Epiney und Andreas Haratsch, 1175–1188. Berlin: Duncker & Humblot.
Lohmann, Georg. 2014a. Ethik der radikalen Endlichkeit. *Information Philosophie* 1: 5–11.
Lohmann, Georg. 2014b. Menschenrechte und transnationale Demokratisierungen. Überforderungen oder Erweiterungen der Demokratie? In *Zukunft der Demokratie,* hrsg. von Michael Reder und Mara-Daria Cojocaru, 64–77. Stuttgart: Kohlhammer.
Lohmann, Georg. 2015a. Different Conceptions and a General Concept of Human Rights. *Fudan Journal of the Humanities and Social Sciences* 8 (3): 369–385.
Lohmann, Georg. 2015b. Was muss man wie bei den „Menschenrechten" begründen? In *Menschenrechte. Begründung – Bedeutung – Durchsetzung,* hrsg. von Daniela Demko, Gerd Brudermüller und Kurt Seelmann, 23–43. Würzburg: Königshausen & Neumann.
Lohmann, Georg. 2016a. „Menschenrechte" angesichts ihrer Geschichtlichkeit. Über: Jan Eckel. Die Ambivalenz des Guten. *Deutsche Zeitschrift für Philosophie* 64 (3): 465–479.
Lohmann, Georg. 2016b. National and International Public Spheres and the Protection of Human Rights. *Yearbook for Eastern and Western Philosophy* 2016: 219–229.
Lohmann, Georg. 2016c. Normative Perspectives on Transnational Social Rights. In *Transnationalisation of Social Rights,* hrsg. von Andreas Fischer-Lescano und Kolja Möller, 49–65. Cambridge: Intersentia.
Lohmann, Georg. 2017a. „Nicht zu viel – nicht zu wenig!" Begründungsaufgaben im Rahmen der internationalen Menschenrechtskonzeption. In *Die Begründung der Menschenrechte. Kontroversen im Spannungsfeld von positivem Recht, Naturrecht und Vernunftrecht,* hrsg. von Margit Wasmaier-Sailer und Matthias Hoesch, 181–205. Tübingen: Mohr Siebeck.
Lohmann, Georg. 2017b. Warum es sinnvoll sein kann, von „moralischen Rechten" zu sprechen. https://philosophie-indebate.de/2924/pro-und-contra-gibt-es-moralische-rechte/201. Zugegriffen: 17. Februar 2019.

Lohmann, Georg. 2018a. Echo des Naturrechts? Menschenwürde, Menschenrechte und Demokratie. In *Philosophie der Republik,* hrsg. von Pirmin Stekler-Weithofer und Benno Zabel, 450–462. Tübingen: Mohr Siebeck.

Lohmann, Georg. 2018b. Impliziert die Entwicklung der Menschenrechte einen normativen Fortschritt? In *Die Entwicklungslogik der Normativität,* hrsg. von Smail Rapic, 125–155. Freiburg: Alber.

Lohmann, Georg. 2018c. Normative und rechtsstaatliche Kapitalismuskritiken und ihre Verdrängung bei Marx. *Deutsche Zeitschrift für Philosophie.* 66 (4): 429–465.

Menke, Christoph und Francesca Raimondi (Hrsg.). 2011. Die Revolution der Menschenrechte. Frankfurt a. M.: Suhrkamp.

Mieth, Corinna. 2012. Unterlassungs-, Schutz- und Hilfspflichten. In *Menschenrechte. Ein interdisziplinäres Handbuch,* hrsg. von Arnd Pollmann und Georg Lohmann, 224–227. Stuttgart: Metzler.

Mihr, Anja. 2012. Die Rolle von Menschenrechtsorganisationen und NGOs. In *Menschenrechte. Ein interdisziplinäres Handbuch,* hrsg. von Arnd Pollmann und Georg Lohmann, 397–400. Stuttgart: Metzler.

Morsink, Johannes. 1999. *The Universal Declaration of Human Rights. Origins, Drafting and Intent.* Philadelphia: University of Pennsylvania Press.

Nowak, Manfred. 2002. *Einführung in das internationale Menschenrechtssystem.* Wien: Neuer Wissenschaftsverlag.

Osterhammel, Jürgen und Jan C. Jansen. 1995. *Kolonialismus. Geschichte, Formen, Folgen.* München: Beck.

Peters, Anne. 2012. Der internationale Menschenrechtsschutz: Risiko und Chancen aktueller Ausweitungen. In *Recht und Willkür,* hrsg. von Christian Starck, 91–129. Tübingen: Mohr Siebeck.

Peters, Anne 2014. *Jenseits der Menschenrechte: Die Rechtsstellung des Individuums im Völkerrecht.* Tübingen: Mohr Siebeck.

Peters, Anne und Tilmann Altwicker. 2012. *Europäische Menschenrechtskonvention.* München: Beck.

Peters, Bernhard. 2007. *Der Sinn von Öffentlichkeit.* Frankfurt a. M.: Suhrkamp.

Pollmann, Arnd. 2012. Universalismus, Kulturalismus, Relativismus. In *Menschenrechte. Ein interdisziplinäres Handbuch,* hrsg. von Arnd Pollmann und Georg Lohmann, 331–338. Stuttgart: Metzler.

Pollmann, Arnd und Georg Lohmann (Hrsg.). 2012a. *Menschenrechte. Ein interdisziplinäres Handbuch*. Stuttgart: Metzler.

Riedel, Eibe. 1989. Menschenrechte der dritten Dimension. *Europäische Grundrechte-Zeitschrift: EuGRZ* 1989: 9–21.

Rosenmüller, Stefanie. 2012. Hannah Arendt. In *Menschenrechte. Ein interdisziplinäres Handbuch*, hrsg. von Arnd Pollmann und Georg Lohmann, 79–83. Stuttgart: Metzler.

Schäfer, Bernhard. 2006. *Zum Verhältnis Menschenrechte und humanitäres Völkerrecht*. Potsdam: Universitätsverlag.

Schäfer, Bernhard. 2012. Menschenrechte und humanitäres Völkerrecht. In *Menschenrechte. Ein interdisziplinäres Handbuch*, hrsg. von Arnd Pollmann und Georg Lohmann, 376–382. Stuttgart: Metzler.

Schmahl, Stefanie. 2012. Internationales Menschenrechtsregime. In *Menschenrechte. Ein interdisziplinäres Handbuch*, hrsg. von Arnd Pollmann und Georg Lohmann, 390–397. Stuttgart: Metzler.

Schmitz, Barbara. 2012. Leben. In *Menschenrechte. Ein interdisziplinäres Handbuch*, hrsg. von Arnd Pollmann und Georg Lohmann, 233–243. Stuttgart: Metzler.

Sen, Amartya. 2010. *Die Identitätsfalle. Warum es keinen Krieg der Kulturen gibt*. München: Beck.

Tomuschat, Christian. 2008. *Human Rights. Between Idealism and Realism*. Oxford: UP.

Weiß, Norman. 2004. Überblick über die Erfahrungen mit Individualbeschwerden unter verschiedenen Menschenrechtsabkommen. *Archiv des Völkerrechts* 42: 142–156.

Wellmer, Albrecht. 1998. Menschenrechte und Demokratie. In *Philosophie der Menschenrechte*, hrsg. von Stefan Gosepath und Georg Lohmann, 265–291. Frankfurt a. M.: Suhrkamp.

Winkelmann, Ingo. 2006. „Responsibility to Protect": Die Verantwortung der Internationalen Gemeinschaft zur Gewährung von Schutz. In *Völkerrecht als Wertordnung. Festschrift für Christian Tomuschat*, hrsg. von Pierre-Marie Dupuy, 449–460. Kehl: Engel.

Unvermischt und ungetrennt. Überlegungen zur notwendigen Einheit von rechtlicher, politischer und ethisch-moralischer Dimension der Menschenrechte

Daniel Bogner

1 Einleitung

Über die Menschenrechte reden viele. Sie sind Gegenstand von Rechtswissenschaft und natürlich Rechtsprechung, aber ebenso ein Thema in Theologie, Philosophie sowie in Politik- und Sozialwissenschaften. Man kann den Eindruck gewinnen, als handele es sich bei den Menschenrechten um das genuine Thema der jeweils sprechenden Disziplin. Es scheint sich um einen Gegenstand zu handeln, der sich besonders dadurch auszeichnet, dass man legitimerweise aus grundsätzlich unterschiedlicher Perspektive über ihn reden kann.

Unter der hier gewählten Überschrift böten sich zahlreiche Themen an, über die nachzudenken wäre – die Überstrapazierung der Menschenrechte, die inflationäre Rede von Menschenrechten, Bemühungen, das Menschenrechtsethos rechtlich noch verbindlicher zu machen; man könnte über den Verlust des Rechtssubjekts ‚Mensch' nachdenken und darüber, warum sich die Menschenrechte bei aller Kritik moralpragmatisch als sinnvoll erweisen,

© Springer Fachmedien Wiesbaden GmbH, ein Teil von Springer Nature 2019
S. Jäger und S. Oeter (Hrsg.), *Menschenrechte und humanitäres Völkerrecht – eine Verhältnisbestimmung*, Gerechter Frieden,
https://doi.org/10.1007/978-3-658-26598-4_5

oder auch über die Geltung der Menschenrechte im Inneren von Religionsgemeinschaften.

Im Folgenden soll nun gerade die offensichtliche Mehrdimensionalität des Menschenrechtsbegriffs im Zentrum stehen. Was hat es zu bedeuten, dass Menschenrechte sowohl als rechtliches, als politisches und als ein ethisch-moralisches Thema gelten? Wie werden die drei Aspekte gegeneinander profiliert und in welchem Bezug stehen sie? Ergänzen sie sich vielleicht – wenn ja, wie?

Es ist mehr als naheliegend, sich diese Frage in einem Kontext vorzulegen, in dem nach dem Verhältnis von Menschenrechten und humanitärem Völkerrecht gefragt wird. Dieser Kontext kann sogar als ein „Entdeckungszusammenhang" für das offenbar multidimensionale Gepräge der Menschenrechte angesehen werden. Humanitäres Völkerrecht lässt sich als ein Korpus von Normen betrachten, das einen bestimmten ethisch-moralischen Anspruch in Bezug auf ganz bestimmte Erfahrungskontexte, nämlich die Situation des Krieges beziehungsweise bewaffneter Konflikte, ausbuchstabiert. Noch weit bevor mit den ersten UN-Menschenrechtsdokumenten der Menschenrechtsanspruch als solcher und sozusagen „in eigenem Namen" rechtlich positiviert wurde, entstand mit den „Genfer Konventionen" ein Normengebinde, das, ausgehend von realen Leidenserfahrungen einer bestimmten Betroffenengruppe, einen rechtlichen Anspruch formulierte und damit die politische Umsetzung solcher Normen einforderte. Die Erlebnisse Henry Dunants im Umfeld der Schlacht von Solferino (1859) mit ihren grausamen Folgen für die Angehörigen der beteiligten Heere sind so etwas wie der historische „Sitz im Leben" für die wechselseitige Verquickung der drei Dimensionen des Menschenrechtsethos: In exemplarischer Weise kommen in den Erfahrungen Dunants die politische, moralische und in der Folge dann die rechtliche Dimension eines der Sache nach menschenrechtlichen Engagements *avant la lettre* zusammen. Dunant brachte seine Erfahrungen von Solferino, insbesondere die ihm ethisch-moralisch vor Augen stehende Losung „tutti fratelli" („Alle sind Brüder") in der Schrift „Erinnerung an Solferino" zu Papier und inspirierte damit in direkter Weise die erste Genfer Konvention (1864). Zentral ist ihm die Einsicht, dass die Situation verwundeter Kriegsteilnehmer und Soldaten – unabhängig, welcher Kriegspartei sie angehören – dringend einer rechtlichen, an universalistischem Ethos ausgerichteten Normierung bedürfen.

Humanitäres Völkerrecht kann aufgrund dieser Herkunftsgeschichte als ein Brennglas für den intrinsischen Verweisungszusammenhang der drei Dimensionen Moral, Recht und Politik der Menschenrechte gelten. Die sogenannte „Martens'sche Klausel" besiegelt diesen Konnex gleichsam, indem sie in Rechtslogik eine Vorsorge für denkbare Momente und Situationen der Rechtlosigkeit zu treffen versucht.[1]

Diese Frage nach rechtlicher Geltung, ethisch-moralischem Anspruch und einer Politik der Menschenrechte wird auf wissenschaftlichem Feld seit langem vielfältig diskutiert. Mich selbst haben dabei in besonderer Weise zwei Ansätze beschäftigt: Seit langem fühle ich mich inspiriert durch die „Philosophie der Menschenrechte", die Heiner Bielefeldt (1998) vorgelegt hat. Er zeigt eine hohe Sensibilität für die sozialen und institutionellen Prozesse, in denen der ethische Anspruch der Menschenrechte erst konkret und als positiviertes Recht für Bürgerinnen und Bürger erlebbare (Rechts-) Wirklichkeit wird. Zugleich, so mein Eindruck, klafft in diesem Ansatz eine Lücke zwischen philosophischer Begründung

---

1 Die Formel lautet: „In Fällen, die von den geschriebenen Regeln des internationalen Rechts nicht erfasst sind, verbleiben Zivilpersonen und Kombattanten unter Schutz und der Herrschaft der Grundsätze des Völkerrechts, wie sie sich aus den feststehenden Gebräuchen, aus den Grundsätzen der Menschlichkeit und aus den Forderungen des öffentlichen Gewissens ergeben."

und der Dimension politisch-rechtlicher Gestaltung. Mit anderen Worten: Kant ist zwar für den Aufweis der Unabweisbarkeit der Menschenrechte notwendig. Für die Frage, wie sich dieser Anspruch aber gesellschaftlich-politische Relevanz verschafft und welche thematischen Erweiterungen er darin erfährt, spielt die philosophisch geleistete Fundierung keine Rolle mehr. Genese und (ethisch-moralische) Geltung, die historische Entwicklung eines moralischen Anspruchs und dessen argumentative Begründung bleiben seltsam unverbunden nebeneinander stehen, obwohl sich Bielefeldt beiden Aspekten ausführlich widmet. Auch die Menschenrechtskonzeption, die Hans Joas unter dem Namen der „Sakralität der Person" (2011) vorgelegt hat, birgt zahlreiche Innovationsimpulse für den Zusammenhang von Moral, Politik und Recht der Menschenrechte. Die Stärke von Joas' Ansatz macht es aus, unter Rezeption der geltungstheoretischen Überlegungen von Ernst Troeltsch eine innere Verknüpfung von historischer Genese und gegenwärtiger Plausibilität ethisch-moralischer Ansprüche vorzulegen. Die Bezüge von politischer und moralischer Dimension der Menschenrechte können damit entfaltet werden, allerdings fehlt hier ein Bewusstsein für das Eigengewicht des Rechts und dessen vielfältig ausdifferenzierte Möglichkeiten, grundständige moralische Ansprüche vor allem im Konfliktfall gegeneinander auszubalancieren und gerade darüber zur Geltung zu bringen. Bei Joas kann man den Eindruck gewinnen, er spreche eher von der Menschenwürde, wo er die Menschenrechte behandelt.[2]

Beide Entwürfe umspielen den hier zur Diskussion stehenden Zusammenhang und haben Beträchtliches beigetragen, um die Menschenrechte als Thema der Debatten in Sozialtheorie und Moralphilosophie zu etablieren. Aber beide vermögen es nicht, eine

---

[2] Meine Kritik am Ansatz von Joas, aber auch die Anerkennung seiner Leistungen habe ich zusammengefasst in Bogner 2019.

wirklich überzeugende Erläuterung des Zueinanders von Recht, Moral und Politik der Menschenrechte zu leisten. Die Arbeiten zu dieser Aufgabe müssen weitergeführt werden und die hier versammelten Überlegungen sollen einen weiteren Baustein dazu liefern. In einem ersten Schritt wird mit den jüngst veröffentlichten Überlegungen Hannah Arendts zur Verfassungsgeschichte der Vereinigten Staaten von Amerika eine exemplarische Überlegung vorgestellt, welche den hier behandelten Zusammenhang – wenn auch nur essayistisch und nicht systematisch – bearbeitet (2.). Im darauf folgenden Schritt werden zwei Versuche vorgestellt, welche für jeweils verkürzte und damit irreführende Auflösungen des Ineinanders der moralischen, politischen und rechtlichen Aspekte des Menschenrechtsethos stehen: Einmal werden Moral und Recht schlicht als willfährige Instrumente einer politischen Interessenlage vorgestellt (3.1). Das andere Mal wird die Verrechtlichung der in den Menschenrechten liegenden moralischen Ansprüche als Entwertung einer kraftvollen Politik zu diesen Ansprüchen gesehen (3.2). Eine Reflexion zur Dimension von Zeit und Erfahrung im historischen Prozess der Rechtsentwicklung, die in Diskussion mit Überlegungen von Reinhard Koselleck unternommen wird, macht einen Vorschlag zur Integration politischer, rechtlicher und moralischer Aspekte der Menschenrechte (4.). Damit kann abschließend ein knappes systematisch gehaltenes Resümee gezogen werden (5.).

2 Eine Richtungsanzeige: Freiheit und Befreiung

Ein erst jüngst von ihrem ehemaligen Assistenten Jerome Kohn in der Library of Congress in Washington entdeckter Text Hannah Arendts (2018) mit dem Titel „Die Freiheit, frei zu sein" behandelt die Dialektik zwischen Freiheit und Befreiung. Der

Text stammt ursprünglich wohl aus dem Jahr 1967 und wurde in der ursprünglichen Fassung beim *Committee on Social Thought*, einem konservativen Thinktank an der Universität Chicago, vorgetragen. Werkgeschichtlich ist er damit kurz nach Arendts Buch „On Revolution" zu verorten, in einem Kontext, der geprägt ist von Revolution: Die letzte große Entkolonialisierungswelle in den 1950er- und 1960er-Jahren, die Ereignisse von 1968, auch innergesellschaftliche Debatten in den USA um den Anspruch gleicher Freiheit (Martin Luther King) liegen nicht lange zurück oder kündigen sich unmittelbar an.

Das Grundthema der Schrift lautet: *Der Mensch wird frei geboren, aber er muss etwas daraus machen.* Er hat die Ausgestaltung seiner Freiheit in der Hand und ihm obliegt daher die Verantwortung, mit dieser Freiheit umzugehen. Darin findet sich ein Anklang an den ersten Satz aus dem *Contrat social* von Rousseau: „Der Mensch ist frei geboren, und überall liegt er in Ketten." Mit anderen Worten: Obwohl es „ontologisch" Freiheit gibt, macht der Mensch massive Unfreiheitserfahrungen. Arendt arbeitet sich an dieser paradox anmutenden Erfahrung ab und sucht nach Wegen, die darin liegende Spannung zu lösen.

Dies unternimmt sie mit einer Reflexion auf die beiden zentralen Begriffe ‚Freiheit' und ‚Revolution'. Wie stehen der eher statisch erscheinende Freiheitsbegriff und der prozessual-dynamisch wirkende Begriff von Befreiung zueinander? Arendts Anspruch lautet, eine Hermeneutik des gesamten Freiheits- und Revolutionsgeschehens der Menschheit entwickeln zu können. Exemplarisches materiales Feld hierfür ist eine Gegenüberstellung der für die Entwicklung der Menschenrechte so wichtigen Revolutionen Amerikas und Frankreichs. Beide, so Arendts These, seien kategorial zu unterscheiden: In Frankreich liege eine vor allem von Armut und sozialer Deprivation getriebene Revolte vor, die letztlich deswegen scheiterte, weil sie es nicht vermochte, ihre Befreiungsimpulse in eine Ordnung der Freiheit zu gießen, in welcher die Freiheit für Nachkommende erlebbar wird. Die nordamerikanische Revolution hingegen sei erfolgreich, weil es sich eben nicht zuvorderst um eine armutsgetriebene Revolte handele, sondern um den politischen Ausbruch eines Begehrens nach politischer Teilhabe. Amerika wäre damit das neue Athen: Hier wurde es geschafft, durch den Aufbau von Institutionen – vor allem in Gestalt der freiheitlichen Verfassungsordnung – die Freiheitserfahrung auf Dauer zu stellen.

Für das Verständnis des dahinter stehenden Freiheitsbegriffs ist auf Arendts Gedanken von der Natalität hinzuweisen: *Wir (Menschen) sind jeweils neu auf die Welt kommende*. Eben darin liegt die Möglichkeit eines neuen Anfangen-Könnens begründet: Neuanfänge in der Geschichte werden überhaupt erst denkbar, weil der Mensch kraft seiner Gebürtlichkeit selbst ein solcher Neuanfang ist. Der Mensch verfügt also über eine anfängliche Freiheit – aber es kommt darauf an, damit umzugehen. Man kommt frei auf die Welt und wird dann sukzessive unfreier.

„Weil er ein Anfang ist, kann der Mensch etwas Neues anfangen, also frei sein" (Arendt 2018). Mit dem (ontologischen) „Geschenk der Freiheit" muss man allerdings umgehen lernen. Diese Dialektik interessiert Arendt und sie skizziert daraus einen Freiheitsbegriff, mit dem sie „zwischen den Stühlen" der ideologischen Formationen ihrer Zeit sitzt: Auf der einen Seite ist das ein orthodoxer politischer Marxismus, der die Frage nach erlebbarer Freiheit an die Verhältnisse delegiert, auf der anderen Seite die Position der „cold war liberals", die meinen, den Grad der Freiheit, die Menschen haben, vermessen zu können, aber Einschränkungen der erlebbaren Freiheit im Namen der Staatsräson allzu gerne in Kauf zu nehmen scheinen. Arendt wählt einen dritten Weg und das macht sie interessant: Sie verfolgt einen emanzipatorischen Freiheitsbegriff, geprägt von aristotelischem Praxisdenken. Was dem Menschen (politisch) aufgegeben ist, muss er in politisch-sozialer

Praxis erst noch zu verwirklichen suchen. Nicht ein Ideal „innerer Freiheit" steht hier Pate, sondern ein politischer Freiheitsbegriff: Erst in der Gestaltung des gemeinschaftlich zu teilenden Raumes sozialer Praxis findet wahre Freiheit zu sich, im Ideal einer Polis-Bürgerschaft, die dazu dient, das eigene Schicksal in die Hand zu nehmen und Welt aktiv zu gestalten.

Diese hier nur knapp resümierte Position Arendts birgt in mehrfacher Hinsicht Impulse für unsere Fragestellung. Der Freiheitsanspruch, welchen die Menschenrechte verheißen, ist wesentlich als *politische Freiheit* zu verstehen. Erst im Rahmen der sozialen Gemeinschaft, in die der Mensch hineingeboren wird, erweist sich der „Nettowert" seiner ihm angeborenen Freiheit. Teilzuhaben an politischer Gemeinschaft ist also der Kern der Menschenrechtsidee – ohne solche Teilhabe könnte kein Freiheitsversprechen existieren, weil sich erst in der sozialen (politischen) Gemeinschaft mit ihren notwendigen Konflikten erweist, wie Freiheit sich im Angesicht anderer Freiheitsansprüche – sowie den Bedrohungen der Freiheit – formen und auslegen lässt. „Auslegung" und „Formung" sind beinahe zu schwache Begriffe. Damit Freiheit sich Bahn brechen kann, muss diese in der Regel im Zuge historisch-sozialer Umwälzungs- und Befreiungsprozesse erkämpft werden. Ohne den Kampf um Befreiung, so lehrt Arendt, wird es in der Regel keine erlebbare Freiheit geben – und der Blick auf die Geschichte der Menschenrechtsentwicklung gibt ihr Recht. Allerdings, so das zweite Moment dieser Beobachtung, genügt es nicht, beim Ringen um Befreiung stehen zu bleiben. Damit man von den Resultaten des Kampfes profitieren kann, muss die erkämpfte Freiheit in eine Freiheitsordnung gegossen werden. Diese findet sich in einer freiheitlichen Verfassungsordnung – exemplarisch verwirklicht in der Verfassung der nordamerikanischen Demokratie. Die ethische Dignität der freiheitlichen Rechtsordnung liegt hierin begründet und damit zugleich die denkbar engst mögliche Verzahnung des

Guten und des Rechten. Es folgen daraus sowohl die ethische Pflicht, sich für den Fortbestand und die Qualität der freiheitlichen Verfassungsordnung einzusetzen, als auch die Erkenntnis, dass der im positivierten Recht stabil gestellten Freiheitsverbürgung stets eine im Bereich des Politischen angesiedelte Befreiungsdynamik vorausgeht. Man mag Arendts Blick auf die amerikanische Demokratie für hoffnungslos idealistisch halten, aber indem sie die thematischen Gehalte der Menschenrechte konsequent in Bezug zu einer funktionierenden Verfassungsordnung setzt, gelingt ihr eine kohärente Verknüpfung von politischer und rechtlicher Sphäre. „Ethik der Menschenrechte" bezeichnet bei Arendt dann mehr als einzelne thematische Gehalte dieser Rechte – nämlich den konstitutiven Bezug einer (rechtlichen) Ordnung der Freiheit auf (politische) Prozesse der Befreiung.

3 Verkürzte Antworten auf eine zentrale Frage

Im Folgenden werden zwei Versuche vorgestellt, die Spannungen zwischen Moral, Recht und Politik der Menschenrechte mittels einer Reduzierung der dreipoligen Konstellation auf ein zweipoliges Schema aufzulösen. Beide Ansätze stehen hier Pars pro Toto für Strategien, einerseits den Siegeszug des Menschenrechtsethos zur Kenntnis nehmen zu müssen, andererseits aber seiner komplexen Mehrpoligkeit nicht angemessen Rechnung tragen zu können oder zu wollen.

3.1 Menschenrechte als fungibles Narrativ einer politischen Interessenlage

Im Bereich der historisch forschenden Kultur- und Sozialwissenschaften sowie der soziologisch interessierten Geschichtswissenschaft begegnet ein gegenwärtig prominentes Paradigma des Zusammenhangs von Ethik, Politik und Recht der Menschenrechte. Während Arendt die Prävalenz der Menschenrechte von den Erfahrungen sozialer Praxis her bestimmt, wird dies hier andersherum vorgenommen. Besonders in den letzten Jahren wird durch eine ganze Reihe von Beiträgen aus dem Feld der Zeitgeschichte ein neues Licht auf die Frage nach den Ursprüngen und der Entstehung der Menschenrechte geworfen. Erst aus einem Verständnis der historischen Konstellationen politischer Konflikte und den darin wirksamen Interessenlagen heraus sei die gegenwärtige Stellung der Menschenrechte als eine „lingua franca of global moral thought" (Martti Koskenniemi) nachvollziehbar. Menschenrechte sind also nicht die schlüssige Folge bestimmter Praxiserfahrungen, ihre dominante Stellung heute verdanken sie vielmehr bewussten politischen Setzungen, deren eigentliche Treiber anderswo zu suchen sind.

In dem von ihm herausgegebenen Band „Moralpolitik" versammelt Stefan-Ludwig Hoffmann (2010, S. 13) zahlreiche Beiträge zu einer solchen „Geschichte der Menschenrechte im 20. Jahrhundert". Die Absicht des Projektes ist es, die Illusion einer „sich kaskadenhaft entfaltende[n] Eigenlogik der Menschenrechte" auszuschließen, die so typisch ist für Ansätze, die eine emotionale oder moralische Teleologie der Menschenrechtsentwicklung voraussetzen. In Abgrenzung von Erklärungsversuchen, wie sie etwa Lynn Hunt, Paul Gordon Lauren oder Micheline R. Ishay vorgelegt haben, werden die Menschenrechte als ein „kontingenter Gegenstand von Politik" verstanden, der erst in der höchst wechselhaften Geschichte des 20.

Jahrhunderts seinen Durchbruch als leitendes Narrativ in Politik und Recht gefunden hat.

Nachdem im Zuge der Französischen Revolution das Menschenrechtsmotiv als politisches Leitbild erstmals breite Verwendung gefunden habe, sei nach 1800 das Gegenteil festzustellen. Als politische Kategorie verschwinde es beinahe von der Bildfläche und werde durch andere Begriffe – etwa das Konzept von Zivilisation und Zivilisierung oder auch das Selbstbestimmungsrecht der Völker – ersetzt. Erst mit der Dreyfus-Affäre werde es wiederentdeckt, gerate allerdings in der Folge schnell in einen Kampf um seine rechte Interpretation: Die Konkurrenz zwischen liberaldemokratischen, sozialistischen und postkolonialen Konzepten der Menschenrechte sei prägend für die Karriere des Begriffs als politische Kategorie nach 1945.

Hoffmann (2010) benennt vier Konstellationen, welche in der Folge für eine bis heute anhaltende Konjunktur des Menschenrechtsthemas sorgen: Kalter Krieg, Dekolonialisierung und Verrechtlichungsbestrebungen auf internationalem Niveau, die im Zuge eines „neuen Humanitarismus" sich entfaltenden „globalen Moralkampagnen" sowie der Zerfall des Kommunismus als negative Hypothek westlichen Selbstverständnisses bescheren dem Konzept der Menschenrechte eine prominente Stellung als Leitinstrument politisch-moralischer Selbstverständigung. Erst in den letzten zwanzig Jahren, so Hoffmanns Resümee, sind die Menschenrechte dann unter dem Einfluss dieser Faktoren zur „neuen Doxa" geworden, das heißt zu den „Überzeugungen einer Gesellschaft, die als verinnerlichte, evidente Ordnung stillschweigend vorausgesetzt werden und den Raum des Denkbaren und Sagbaren umgrenzen" (Hoffmann 2010, S. 7).

Auch andere betonen die je individuellen Konstellationen, unter denen allein die Menschenrechte sich zu dem heute so bedeutenden Orientierungskonzept entwickeln konnten. Mark Mazower (2010,

S. 41f.) erkennt in ihnen die vielleicht bedeutendste Friedensdividende seit dem Ende des Kalten Krieges und Samuel Moyn („The Last Utopia") bezeichnet sie als Teil eines „re-recasting of bourgeois Europe", mit dem die christdemokratischen Strömungen Europas auf der Basis des christlichen Personalismus für einige Zeit die politisch-geistige Agenda des Kontinents bestimmen konnten – bevor die Menschenrechte schließlich, dieser geistigen Wurzeln beraubt, zu einem Thema der säkularen Linken werden konnten (vgl. Moyn 2010a, S. 78; Moyn 2010b).

„Erst jetzt", so fasst Stefan Ludwig Hoffmann diese Amalgamierungsprozesse zusammen, „entdecken die aufgeklärten Experten und Manager des Globalen – westliche Völkerrechtler, Sozialwissenschaftler, NGOs – sie ganz für sich. Und erst jetzt wurde von dieser kosmopolitischen Elite damit begonnen, den Menschenrechten eine Geschichte zu erfinden, die bis in die Antike zurückreicht und den evolutionären Fortschritt von Moral und Recht bezeugen soll" (Hoffmann 2010, S. 36).

Der bei Hoffmann, Moyn und anderen ansichtig werdende Umgang mit den Menschenrechten gleicht einem Befreiungsschlag. Die kontextualisierende Historisierung des Menschenrechtsethos widerlegt jede Behauptung einer teleologischen Zwangsläufigkeit, sei diese mit einer Entwicklungsgeschichte der Gefühle, der Moral oder der Ideen begründet. Die Grundthese lautet: Die Politik hat eine Gelegenheit genutzt, indem sie sich mit der Rhetorik der Menschenrechte ein Narrativ gegeben hat, das ihr fortan hilft, ihre Ziele zu verfolgen. Der Siegeszug der Menschenrechte wird als Effekt kontingenter Umstände gewertet; er lag – aus diversen Entwicklungen und Opportunitäten heraus – eben in der Luft und die Politik hat das erkannt und sich zunutze gemacht. Auf eine tiefere geltungstheoretische Matrix braucht man so nicht zurückzugreifen.

Unvermischt und ungetrennt

So kontingent und kontextuell die Entstehung der Menschenrechte beschrieben wird, so schwer vermittelbar wird auch die Plausibilisierung ihres universalen Geltungsanspruchs und ihrer Wirksamkeit. Hoffmann erkennt dies selbst:

„Denn wie können die Menschenrechte universal sein, wenn sie historisch geworden sind, wenn sie [...] das Produkt einer globalen Gewalt- und Konfliktgeschichte sind, einer Geschichte von ‚hegemonic contestations' (Martti Koskenniemi), die kein Telos besitzt und auch ganz anders hätte verlaufen können? Eine Geschichte, die zeigt, dass es nicht einen, sondern mehrere, moralpolitische konkurrierende Universalismen gab, die sich auf die Menschenrechte berufen konnten? Die feststellt, dass die Genese des globalen Rechts im 20. Jahrhundert einher ging mit einer Fragmentierung seiner Geltung?" (Hoffmann 2010, S. 36f.).

Diese Fragen werden zurecht erhoben, die Antworten bleibt Hoffmann aber schuldig. Die Historisierung des Siegeszuges der Menschenrechte in der Moderne ist ein notwendiger Beitrag zum Verständnis der Menschenrechte, weil er und andere mit der überspannten Version einer überzeitlichen und stabilen Existenz der Menschenrechte aufräumen. Zugleich, und das ist die entscheidende Anfrage, macht er aber nicht hinreichend deutlich, worin sich der geltungstheoretische Anspruch, den diese Rechte formulieren, begründet und wie er sich artikuliert. Mit anderen Worten: Dass es unter Umständen der Strömungen eines moralisch-ethischen „Quellwassers" bedarf, damit unter bestimmten historisch-sozialen Konstellationen eben genau diese – und nicht andere – Impulse sich dem politischen Kalkül und einer nach Interessen vorgehenden Politik anbieten. An dieser Stelle begegnet – im Gewande der Frage nach der Menschenrechtsentwicklung – die Einsicht einer Unableitbarkeit der ethischen Grundunterscheidung.

3.2 Menschenrechte als Sedierung des Politischen

Eine bestimmte Spielart im Verhältnis von Recht, Moral und Politik der Menschenrechte wird auch im Lichte der *Menschenrechtskritik* sichtbar. Besonders die Kritik, die Karl Marx an den Menschenrechten geäußert hat, ist hier zu nennen. Sie besteht im Kern im Vorwurf, dass die Verrechtlichung der Revolution (das heißt der Prozess der Menschenrechtsentwicklung) letztlich deren ureigene Anliegen ins Gegenteil verkehrt; solche Anliegen würden im Zuge der Verrechtlichung zwar in eine greifbare Form gefasst, aber damit letztlich verraten. Es scheint sich um die entgegengesetzte These zu Arendts zuvor dargestellten Verhältnisbestimmung zu handeln, in welcher Recht gerade der Ausdruck eines politischen Bewusstseins ist und die fortdauernde Ermöglichung einer politischen Existenz garantiert.[3]

Als Ausgangspunkt von Marx' Theorie, so Menke, könne in Bezug auf Hegel die fortwährende Konkurrenz von Herr und Knecht rekonstruiert werden. Von vornherein wird sodann ein Unterschied zwischen einer genuin juridischen und einer politischen Art und Weise, diese Differenz zu überwinden, eingeführt.

> „Die Freiheit, die dem Knecht fehlt, ist die zum Tun nach eigenem Belieben. Deshalb besteht die juridisch verstandene Befreiung aus der Knechtschaft darin, dass jeder zur Rechtsperson wird – dass also jeder geschützt und gesichert wird in seinem Tun nach freiem Belieben. Der politische Sklavenaufstand zielt auf eine Praxis gleicher Teilnahmemöglichkeit am kollektiven Urteilen, der juridische Sklavenaufstand auf eine Ordnung gleichen Rechtsschutzes zum Tun nach eigenem Belieben" (Menke 2013, S. 138).

---

[3] Die Kritik von Marx wird hier dargestellt mittels der luziden Lektüre, die Christoph Menke (2013) vornimmt.

Warum, so wird man fragen, nimmt die revolutionäre Gleichheitsforderung diesen Doppelsinn an? Der Grundfehler des Liberalismus, so Marx, besteht in dessen Emanzipation vom Politischen: „In der beschränkten Form der juridischen Emanzipation etabliert die Politik sich gegenüber als ihre Voraussetzung eine Sphäre – das ist die bürgerliche Gesellschaft –, die ihrer Regierung entzogen ist" (Menke 2013, S. 138). Der Staat selbst werde damit sozusagen materialiter „entpolitisiert": Marx führt hier eine Sinnlinie aus Hegels Rechtsphilosophie weiter, die in der Gegenüberstellung von Staat und Gesellschaft besteht: „Der Staat, das Gesetz, die Verfassung ist das Herrschende, ohne dass er wirklich herrsche, das heißt den Inhalt der übrigen nicht-politischen Sphären materiell durchdringe" (Marx 1986 [1843/44], S. 43). Bei Marx wird gerade aus diesem Gegenüber der tiefere Grund für seine Kritik des rechtsbasierten Freiheitsverständnisses und seine Privilegierung der Revolution als politischer Form.

Der neue Sinn, den der Begriff des subjektiven Rechts durch den Sklavenaufstand annimmt, bestünde somit gerade darin, ein Recht gegen den Anderen zu sein: Es ist ein Recht darauf, den Anderen dafür zu kritisieren und verantwortlich zu machen, was er tut. Aber indem der aufständische Sklave dieses Recht erfindet, definiert er sich weiterhin als Sklave: als ein schwacher und ohnmächtiger Mensch, der die Handlungen eines starken und mächtigen Anderen erleidet. Das Problem der Menschenrechte besteht in einer solchen Perspektive nun darin, dass es, anstatt etwas an dieser Differenz von Starken und Schwachen, von Mächtigen und Ohnmächtigen zu ändern, diese Differenz unüberhörbar artikuliert und damit geradezu zementiert. „Es ist nicht ein Recht auf Stärke oder Macht, sondern ein Recht aus Schwäche oder Ohnmacht. Das Subjekt dieses Rechts ist ein Knecht. Es definiert sich durch die Inanspruchnahme und die Ausübung dieses Rechts als einen Knecht" (Menke 2013, S. 138). Das Paradox der Erklärung der

Menschenrechte besteht dann darin, dass sich darin ein politisches Subjekt selbst zu einem passiven, leidenden Subjekt erklärt: „Die Ethik der Menschenrechte definiert den Menschen als Opfer" oder genauer: „Der Mensch der Menschenrechte ist das, was sich selbst als Opfer wieder zu erkennen vermag" (Menke 2013, S. 143).

Den Kern dieser Analyse kann man terminologisch so fassen: Das Recht, das der juridische Sklavenaufstand ebenso in Anspruch nimmt wie hervorbringt, ist das Recht eines jeden auf seine Berücksichtigung. Vom Anderen Rechte zu fordern, bedeutet sich selbst als Erleidender zu definieren. Der Zusammenhang dieser beiden Begriffe – Erleidender zu sein und ein Recht auf Berücksichtigung zu haben – liegt, so Menke, auf einer sozialontologischen Ebene. Zwischen Handelnden und Leidenden besteht nun aber keine wahre Gemeinschaft (*communio*), sondern eher eine Art Vertragsverhältnis (*commercium*). Im ethisch-politischen Feld lässt sich diese allgemeine Gegenüberstellung zweier Arten sozialer Beziehungen zwischen Handelnden und Leidenden zur Gemeinschaft Assoziierter (*communio* versus *commercium*) in der These verdichten: Rechtliche Berücksichtigung ist etwas grundständig anderes als sittliche Anerkennung.

Anerkennung würde sich nämlich auf eine Leistung oder ein Vollbringen, oder die Fähigkeit dazu, beziehen. Nur im Namen eines Guten lässt sich Anerkennung fordern. Und im Namen desselben Guten, indem ich selbst solche Anerkennung fordere, gibt der andere mir seine Anerkennung. Die Anerkennung und das Anzuerkennende sind so miteinander verbunden, dass sie Ausdruck desselben Urteils über das Gute sind. Das heißt, dass die Anerkennung und das Anzuerkennende die zwei Züge einer gemeinsamen Praxis sind, die durch geteilte Güter konstituiert wird. Das Tun des einen ist das Tun des anderen, sie bilden eine Gemeinschaft als *communio* – der Begriff ethisch-politischer Anerkennung.

Berücksichtigung hingegen wird nur dort gefordert, wo es keine Gemeinschaft im Guten gibt: Wo die Voraussetzung nicht gilt, dass der Andere, an den sich diese Forderung richtet, nach dem gleichen Maßstab urteilt, nach welchem der, der die Forderung erhebt, handelt und lebt. Berücksichtigung zu fordern setzt voraus, dass wir nur äußerlich miteinander verknüpft sind – nicht durch den Maßstab unserer Urteile, in denen übereinzustimmen eine *communio* zwischen uns stiftet, sondern durch die Folgen, die unser Handeln und Unterlassen füreinander haben. Anerkennung ist ein Begriff innerer Verknüpfung von Vorzügen, Berücksichtigung hingegen ein Begriff ihrer äußeren Koordination, so Menke. „Politik ist der Versuch, die Menschen um eine positive Idee des Guten herum zu versammeln, und noch mehr, den Menschen durch ein solches Projekt zu identifizieren" (Menke 2013, S. 150).

Damit ist die scharfe Unterscheidung zwischen den Sphären von Recht und Politik etabliert, die in der Frage kulminiert: Warum fordert der aufständische Sklave seine juridische Emanzipation, seine gleiche Berücksichtigung ein, statt seiner gleichen Beteiligung an der Regierung in Gestalt sittlicher Anerkennungsverhältnisse? „Warum fordert er statt seines Anteils an der kollektiven Praxis des Urteilens über das Gute, das uns eint, von allen anderen als einer berücksichtigt zu werden, der die Wirkungen ihrer Handlungen erleidet? Warum der juridische Aufstand gegen die Politik?" (Menke 2013, S. 150).

Zusammenfassend wird man festhalten müssen: Die hier zum Ausdruck gebrachte Dichotomie zwischen der juridischen Berücksichtigung auf der einen Seite und einer moralischen Anerkennung auf der anderen Seite und die damit vorgenommene Identifizierung, ja, Fixierung einer Differenz von Recht und Politik ist selbst Ausdruck eines problematischen Verständnisses von Politik und Recht. Im Prozess der Verrechtlichung einzig ein Momentum der Entpolitisierung zu sehen und dann von einer „bloß" juridischen, zweitrangig zu verstehenden rechtlichen „Berücksichtigung" zu sprechen, verbietet sich von der Sache her: Die Trennung der Sphären von Recht und Politik ist ethisch-moralisch gerade als ein Freiheitsgewinn zu betrachten. Ein politisch fundierter Totalitarismus wird rechtlich verhindert und die Verbindung von sittlicher Autonomie des Individuums mit der zu fordernden Rechtsloyalität aller Bürgerinnen und Bürger möglich.

Nun kann man gerade mit Blick auf die in den Sozialwissenschaften geführte Normendebatte die mit Marx prominent ins Wort gebrachte Dichotomie zwischen Berücksichtigung und Anerkennung, Recht und Moral hinterfragen, die wir nun vor Augen haben. Muss man das Recht in einen derart dichotomischen Gegensatz zu Moral und Politik bringen? Vor allem in der politikwissenschaftlichen Analyse der Internationalen Beziehungen hat sich eine weit sensiblere Optik für die Funktionalität des Rechts entwickelt, als man es sich mit der Marx'schen Brille präsentieren lassen muss. In der derzeitigen Debatte um die Herausforderungen, vor denen sich Demokratien angesichts globaler wie nationaler Entwicklungen sehen, spielt die Frage um Zustand und Wandel internationaler Normen eine zentrale Rolle. Forschung in diesem Bereich beschäftigt sich mit internationalen Fundamentalnormen wie Rechtsstaatlichkeit, Demokratie, Souveränität oder Minderheitenrechten ebenso wie mit prozeduralen Normen, die den Zugang zu internationalen Institutionen und deren Entscheidungsverfahren regeln. Nachdem sich die Normenforschung zunächst vor allem auf Prozesse der Normenentstehung und Normendiffusion sowie inhaltlich auf als liberal und „westlich" beschriebene Normen konzentriert hatte, steht seit einigen Jahren jedoch auch die „dunkle Seite" von Normen, die dynamischen Beziehungen zwischen verschiedenen Normen sowie die Kontestation und Legitimität von Normen im Zentrum des Interesses (vgl. Wiener 2018a, 2018b; Deitelhoff 2018).

Für den hiesigen Zusammenhang ist vor allem die Dimension der Normbestreitung (Kontestation) von Belang. Hier wird danach gefragt, welche Auswirkungen der Streit um Normen auf ihre Robustheit hat, ob er zur Schwächung oder zur Stärkung der Normen beiträgt. Während eine Hypothese lautet, dass Kontestation per se Normen schwächt, sieht eine konkurrierende Hypothese in der Kontestation selbst eine normative Kraft, die Normen über die kontinuierliche Aktualisierung in ihrer Geltung bestärkt. Auf die Menschenrechte angewandt könnte dies heißen: Recht und Politik sind in einem wesentlich dynamischer aufeinander bezogenen Verhältnis zu sehen, als es mit Marx hier rekonstruiert wurde. Die rechtliche Positivierung ist nicht der Abschluss und die Beendigung eines politischen Prozesses, sondern kann als eine Zwischenetappe angesehen werden: Je neue historische und soziale Lagen und die darin sich artikulierenden moralischen und politischen Forderungen werden zu Normbestreitungen führen, die entweder zur Fortentwicklung der Norm oder zu ihrer Stärkung beitragen können und dann zu einer neuen Stufe von Legitimität führen – bis ein solcher, stets brüchiger Konsens wiederum politisch aufgesprengt wird. Von der sozialwissenschaftlichen Normenforschung und insbesondere des dortigen Fokus auf die Dimension der Kontestation ist zu lernen, dass Recht und Politik nicht alternativ zu denken, sondern vor allem aus ihrem konstitutiven wechselseitigen Bezug heraus zu verstehen sind.

An das Recht muss man nicht „glauben", dennoch hat es als notwendige Engstelle aller Versuche, dem Guten zur Verwirklichung zu verhelfen, selbst Anteil am Guten. Eine funktionierende Rechts- und Normenordnung, so könnte man schlussfolgern, ist gerade in ihrer vielfältigen Funktionalität ihrerseits Teil des Guten – gerade weil sie sich konstitutiv einer Identifizierung mit den materialen Formen des Guten entzieht. Die Menschenrechte sind dann eben nicht die Instrumente einer Sedierung des Politischen, sondern beschreiben den Rahmen, der für den Kampf ums Gute erforderlich ist, damit dieser überhaupt geführt werden kann.

4 Ein Integrationsvorschlag: Zeit und Erfahrung

Eine Reflexion zur Dimension von Zeit und Erfahrung im historischen Prozess der Rechtsentwicklung, die von Reinhard Koselleck im Zuge seiner Überlegungen zur Hermeneutik von Geschichte und Geschichtsschreibung unternommen wird, macht einen Vorschlag zur Integration politischer, rechtlicher und moralischer Aspekte der Menschenrechte, der nach den bis hierher zur Kenntnis genommenen Positionen eine vermittelnde Perspektive eröffnen kann. Mit Koselleck, der vielen über die *Geschichtliche(n) Grundbegriff(e)* als jemand vor Augen steht, der sich für die begriffsgeschichtliche Genese der politisch-sozialen Sprache interessiert, lässt sich ein Fokus auf die Verschränkung von Geschichte und Gegenwart im Begriff der Menschenrechte werfen.

In seiner Reflexion über die beiden „metahistorischen Kategorien" ‚Erfahrungsraum' und ‚Erwartungshorizont'[4] fragt Koselleck (1979) explizit nach der temporalen Struktur von Erfahrung. Er macht als „transzendentale Bestimmung" von Geschichte die Verknüpfung beider Kategorien aus und erkennt darin ein wesentliches Bezogensein von „Ehemalig und Zukünftig", von „Erinnerung und Hoffnung". Diese geschichtstheoretischen Überlegungen werden von Koselleck mit Beobachtungen zum politisch-sozialen Sprachfeld, insbesondere mit Begriffen aus der Verfassungsgeschichte, veranschaulicht. Damit drängt es sich auf, auch ein Licht auf den

---

4 Zur Bedeutung und Einordnung des Werks von Koselleck im Diskurs der Geistes- und Sozialwissenschaften generell vgl. Joas und Vogt (2011).

Begriff der Menschenrechte zu werfen, in dem Erfahrungen und Erwartungshaltungen ebenfalls verdichtet zusammenkommen.

Erfahrungen sind zwar der Boden, auf dem Erwartungshaltungen hinsichtlich der zukünftigen Zeit entstehen, gleichwohl lassen sich solche Erwartungen nicht in Gänze aus dem Fundus der Erfahrungswelt ableiten. Gehegte Erwartungen, so Koselleck, sind überholbar, gemachte Erfahrungen werden gehegt. Die Präsenz der Vergangenheit in der Gegenwart ist deswegen eine andere als die Präsenz der Zukunft. „Der umständlichen Rede kurzer Sinn: Es ist die Spannung zwischen Erfahrung und Erwartung, die in jeweils verschiedener Weise neue Lösungen provoziert und insoweit geschichtliche Zeit aus sich hervortreibt" (Koselleck 1979, S. 358). Vergangenheit wird erst als Geschichte (Historie) greifbar, indem durch diese ungleiche Verschränkung von Erfahrung und Erwartung eine zeitliche Differenz im Heute etabliert wird.

Nach solchen einordnenden Beobachtungen steuert Koselleck allerdings auf einen markanten Umschwung in der Zuordnung beider Kategorien zu, den er mit dem Anbrechen von Neuzeit und Moderne identifiziert:

> „Unsere historische These lautet […], dass sich in der Neuzeit die Differenz zwischen Erfahrung und Erwartung zunehmend vergrößert, genauer, dass sich die Neuzeit erst als neue Zeit begreifen ließ, seitdem sich die gespannten Erwartungen immer mehr von allen zuvor gemachten Erfahrungen entfernt haben" (Koselleck 1979, S. 369).

Erfahrungen und Erwartungen verlieren unter neuzeitlichen Bedingungen eine ursprüngliche Entsprechung. Verantwortlich dafür sind verschiedene Faktoren, unter anderem die neue Welt der Politik mit ihrer zunehmenden Mobilisierung von Machtmitteln, Kreuzzüge, die Vergrößerung der Wahrnehmungsräume durch koloniale Expansion und Welthandel. Mit der immer schnelleren

Abfolge technischer Erfindungen, vor allem aber mit dem Paradigma gesellschaftlichen Fortschritts treibt diese Tendenz einer Dissoziation von Erfahrungsräumen und Erwartungshorizonten auf die Spitze zu:

Mit der Aufklärung und dem mit der französischen Revolution implizierten Verständnis politischen Handelns hält eine Vervollkommnungsidee Einzug ins politische Denken. Wo die Geschichte als fortdauernder Prozess der Vervollkommnung beschrieben wird, treten die Grenzen des Erfahrungsraumes und der Horizont der Erwartung unwiderruflich auseinander. Erfahrung der Vergangenheit und Erwartung der Zukunft korrespondieren nicht mehr, sie werden „progressiv zerlegt" (Koselleck 1979, S. 365).

Diese grundsätzlichen Überlegungen erläutert Koselleck anhand zentraler Begriffe aus dem Feld der Verfassungsgeschichte. Dabei kommt eine Terminologie zum Einsatz, die auch für unsere Diskussionen einschlägig ist, weil sie die Kategorie der Erfahrung mit politisch-institutionellen Begriffen in Zusammenhang setzt.

a. Auf der einen Seite, so Koselleck, trifft man auf bestimmte verfassungsgeschichtliche Termini, die man als „Erfahrungsregistraturbegriffe" bezeichnen könnte. Sie sind „gesättigt von vergangener Wirklichkeit, die im Zuge politischer Aktionen in die Zukunft überführt und fortgeschrieben werden" (Koselleck 1979, S. 370) können. Der Begriff des „Bundes" erfüllt in Kosellecks Augen eine solche Qualität. Im Unterschied zum Vollzugsbegriff des „Bündnisses" bezeichnet er einen institutionalisierten Zustand. Wer ihn im Munde führt oder zitiert („Städte des Bundes"), greift auf überlieferte, sedimentierte Erfahrung zurück, auch wenn es um Fragen gegenwärtiger oder zukünftiger Gestaltung geht.
b. Begrifflichkeiten wie „Staatenbund", „Bundesstaat" oder „Bundesrepublik" weisen hingegen eine andere temporale Struktur

auf. Sie machen längerfristige Strukturen sichtbar, die als kommende Möglichkeiten schon erfahrbar waren. „Die Begriffe enthielten, gerade weil sie undeutliche und verborgene Erfahrungen aufbereiteten, ein prognostisches Potential, das einen neuen Erwartungshorizont auszog" (Koselleck 1979, S. 371). Koselleck spricht deshalb von sogenannten „Erfahrungsstiftungsbegriffen".

c. Während bei beiden Fallgruppen jeweils noch eine Korrespondenz von Erfahrung und Erwartung vorhanden ist, löst sich dieser Konnex bei einer dritten Gruppe von Begriffen vollends auf. Dazu zählen Wortprägungen wie der „Völkerbund", politische „Bewegungsbegriffe" wie Republikanismus, Liberalismus oder Kommunismus, aber auch die „Demokratie". Diese Begriffe leiten ihr prognostisches Potential so gut wie gar nicht mehr aus einer vorgängigen Erfahrung ab: „Der ‚Völkerbund' war ein reiner Erwartungsbegriff, dem keine bisherige Empirie zu entsprechen vermochte" (Koselleck 1979, S. 372). Erfahrungsraum und Erwartungshorizont treten hier bewusst auseinander; deren Differenz zu überbrücken wird zur politischen Aufgabe. Heute würde man in dieser Logik weitere Begriffe ergänzen: „Nachhaltigkeit", „Generationengerechtigkeit".

d. Das politisch-soziale Sprachfeld, so Kosellecks Resümee, wird in der Moderne zunehmend von Begriffen dieser Natur geprägt. Ihnen kommt eine kompensatorische Funktion zu. Ohne nennenswerten Erfahrungsgehalt machen sie eine Vorgabe und entwerfen ein Leitbild, an dem sich das politische Handeln zu orientieren hat. Zwischen überlieferten und abrufbaren Erfahrungen sowie der Erwartung davon, was in Zukunft kommen und sein soll, tut sich eine Kluft auf. Das Ziel der Bewegungsbegriffe ist die teleologische Erschließung einer neuen Zukunft. Im Vordergrund steht weder die Anknüpfung an Vergangenes noch die Weiterführung oder auch kreative Verarbeitung von bereits Erfahrenem.

Im Anschluss an diese Überlegungen lässt sich nun fragen: Von welchem Genus ist dann der Begriff der Menschenrechte, der, anders noch als Mitte der 1970er-Jahre, in denen der Text Kosellecks erstmals erschien, aus dem zeitgenössischen verfassungstheoretischen Vokabular nicht wegzudenken ist? Handelt es sich um einen Erfahrungsregistratur-, einen Erfahrungsstiftungs- oder um einen Bewegungsbegriff, der keinen wirklichen Bezug zu Erfahrungen mehr aufweist?

Menschenrechte vereinen in sich eine Erfahrungsdimension, sie entwerfen zugleich aber auch einen Erwartungshorizont. Ob man von Leid- und Schmerzerfahrungen oder Unrechtserfahrungen spricht, ob man die Widerfahrnisse materieller Deprivation und Not oder Prozesse nur subtil empfundener struktureller Diskriminierung im Auge hat – es lässt sich historisch rekonstruieren, wie subjektive Erfahrungen in die einzelnen Rechtstitel des Menschenrechtskataloges eingehen. Damit wird nicht behauptet, dass der Weg von historisch erfahrenem Leid zur Formulierung eines Menschenrechtsanspruchs linear und zielstrebig wäre. Die Bedeutung von historischen Kämpfen für die allmähliche Herausbildung eines Bewusstseins für schutzrechtliche Mindestanforderungen wird aber kaum einer leugnen.[5] Menschenrechtliche Ansprüche, die gegen die Kontinuitäten herrschender Ordnungen formuliert werden, haben – wenn man sie nicht als Resultat einer rationalen Erwägung betrachten will – keinen anderen Berufungsgrund als die tiefgestaffelten Ebenen menschlicher Erfahrung. Solche

---

5 Es erscheint für die Argumentation an dieser Stelle nicht notwendig, die breite Literaturlage zu diesem Zusammenhang zu diskutieren. Eine präzise Darstellung der Argumentation findet sich bei Bielefeldt (2006); vgl. als exemplarische Fallstudie auf dem Boden dieser These Blickle (2003).

Erfahrungen erzeugen im Fall der Menschenrechte allerdings eine kontrafaktische Wirkung: Sie machen deutlich, *wogegen* ein Rechtsanspruch wirken, was er künftig verhindern und wovor er Schutz gewähren soll. *Die Menschenrechte kommen aus Erfahrung, aber sie wagen einen Vorausgriff.* Indem sie Ansprüche formulieren, die erst noch eingelöst werden müssen und keineswegs schon umfassend verwirklicht sind, entwerfen sie ein Bild von der erst noch zu schaffenden Welt. Sie hegen eine Erwartung, deren materiale Gestalt in ihrer Konkretion zwangsläufig offen sein muss, weil sie in der Zukunft liegt. Soviel aber weiß man aus Erfahrung: dass die Bedingungen menschlicher Existenz künftig besser, anders, gelungener gewährleistet sein sollen als bisher.

Weder die Nomenklatur des Erfahrungsregistratur- oder des Erfahrungsstiftungsbegriffs, aber auch nicht die eines reinen Bewegungsbegriffs erscheinen hier tauglich. Die Rede von den Menschenrechten weist Aspekte eines jeden dieser Begriffe auf, zugleich aber übersteigt sie deren jeweiligen Rahmen. Die Begriffswelt der Menschenrechte registriert und speichert Erfahrungen, sie stiftet aufgrund eines Erfahrungswissens zu orientiertem Handeln an. Sie setzt politisch-soziale Gefüge auf emanzipatorische Weise in Bewegung und eröffnet dadurch einen neuen Horizont gesellschaftlichen Handelns. Die Kategorien Kosellecks lassen sich aufgreifen, sie werden durch den Begriff der Menschenrechte aber auch dynamisiert. So legt es sich nahe, eine ergänzende Kategorie vorzuschlagen, nämlich die eines *erfahrungsgesättigten Bewegungsbegriffs*. Anders als Koselleck es für die politischen Bewegungsbegriffe konstatiert, wäre dessen Funktion nicht die „Kompensation" für nicht mehr vorhandene oder abrufbare Erfahrung. Menschenrechte sind ja gerade deswegen zu einer weltweit anschlussfähigen Position geworden, weil sie von je unterschiedlichen Erfahrungshintergründen aus aktualisiert und politisch eingesetzt werden können. Die Rolle, die der Bezug auf vergangene Erfahrung jedoch einnimmt, hat sich gegenüber dem Modus einer reinen „Registratur von Erfahrung", wie Koselleck sie beschreibt, geändert. Die Ratio der Menschenrechte macht es aus, vergangene Erfahrungen im Blick auf die projizierte Gestaltung von Gegenwart und Zukunft in einer umformenden Absicht aufzugreifen. Man könnte von einer „utopischen Formatierung von Geschichte" sprechen, die hierbei stattfindet. Menschenrechte werden zur Relaisstelle zwischen Vergangenheit und Zukunft. Ihr Wirkungsmodus in dieser Verschaltung der Zeitdimensionen ist der einer *interessierten Vermittlung*. Das Interesse gilt der politischen Gestaltung der Gegenwart aus einer Erfahrung, die gegenwärtig immer schon vergangen ist.

Auch hier ist es ein Raster des Politischen, das über den aktuellen Realitätswert der Menschenrechte wesentlich mitentscheidet. Politik ist in einer solchen Perspektive nach Koselleck weder das Totale, das die *Tabula rasa* einer enttraditionalisierten Moderne zu kompensieren hätte, noch ist sie überflüssig, weil der Rekurs auf Vorgängiges die nötigen Steuerungsleistungen bereits impliziere. Sie ist vielmehr notwendige Schaltstelle, in der über die Wirklichkeit eines Anspruchs entschieden wird: Sie hat zu vermitteln zwischen den in vergangener Erfahrung liegenden – eingelösten oder uneingelösten – Hoffnungen, sowie den Möglichkeiten und Bedingungen der Gegenwart.

Die Überlegungen, die im Dialog mit Koselleck zu führen sind, können deswegen als Vermittlungsangebot gelten, weil sie über das Element der Erfahrung dazu führen, die Dimension der Zeitlichkeit für den Begriff der Menschenrechte in einer sehr fundamentalen Weise geltend zu machen. Eben über die Dimension von Zeitlichkeit wird sichtbar, wie eng Moral, Politik und Recht der Menschenrechte auseinander hervorgehen und konstitutiv aufeinander bezogen sind: Das *Recht* speichert und reflektiert seine Entstehungszeit und ist deshalb konstitutiv „vergangenheitshaltig", die *Moral* ist im Gegensatz dazu „zukunftshaltig": Sie lebt von der Differenz zwischen „gegeben" und „erhofft". Der utopische Charakter der Moral liegt gerade im „Es solle sein!", das eine Differenzerfahrung ja voraussetzt. *Politik* hingegen ist auf beide Hypostasen der Zeit angewiesen und versucht, beide zum Nutzen der Gegenwart zu vereinen: Da sie rechtsgebunden vorgeht, speist sich ihr Vorgehen stets aus vergangenheitshaltigen Semantiken und Verständnishorizonten; da sie künftige Wirklichkeit gestalten muss, fließen in ihr Handeln aber auch Erwartungshorizonte mit ein, die nicht aus bereits Vorfindlichem oder dem in der Rechtssprache sedimentierten Erfahrungswissen abgeleitet werden können.

5 Menschenrechte – ein *mixtum compositum*

Aus der bisherigen Diskussion kann nun das (vorläufige) Resümee gezogen werden, dass eine Verkürzung der drei Dimensionen der Menschenrechte auf eine zweipolige Relation der Wirklichkeit, die mit dem Terminus der Menschenrechte beschrieben ist, nicht gerecht wird. Um diese Wirklichkeit angemessen zu verstehen, muss man zur Kenntnis nehmen, dass menschenrechtliches Reden und Handeln Bezüge zu allen drei Dimensionen aufweist – dies freilich in unterschiedlicher Akzentsetzung. Die These lautet, dass der Terminus Menschenrechte seine Spezifizität und Wirksamkeit – zumindest à long terme – verliert, wenn man sein Grundverständnis um eine dieser drei Dimensionen verkürzt.[6]

---

6 Diese These geht noch einmal über den Rahmen hinaus, den Georg Lohmann (2016) spannt, wenn er Fragen der Vorrangstellung von Recht und Moral im Kontext der Menschenrechte klärt. Seine Überlegungen sind treffend und von der moralphilosophischen Differenzierung her noch weiterführender als die hier aufgestellte Fundamentalthese der wechselseitigen Unverzichtbarkeit – an diese schließen sie sich an.

Das Recht beantwortet erst einmal die Frage: „Was darf sein?" Es definiert einen politisch konsentierten Rahmen für jegliches Handeln – eine Untergrenze oder *bottom line*, die nicht unterboten werden darf, die hingegen kreativ zu füllen ist. Der Modus rechtlichen Handelns und Redens ist deshalb gekennzeichnet durch Verbindlichkeit und Allgemeinheit. Keiner „entkommt" dem Recht, und einer Rechtsgemeinschaft zuzugehören bezeichnet die erste rechtliche Statusposition, bevor jegliche Frage nach dem „guten Leben" überhaupt gestellt ist. Es muss freilich erwähnt werden, dass neben diesem klassischen, abwehrrechtlichen Charakter des Rechts dieses auch in der Lage ist, darüber hinausgehende Wirkung zu entfalten. Gerade im Bereich der wirtschaftlichen, kulturellen und sozialen Menschenrechte steht heute vielfach die Frage im Raum, was der Staat proaktiv initiieren und gewährleisten sollte, um dem Recht Genüge zu tun. Damit ist bereits die Brücke zur genuin moralischen Dimension der Menschenrechte gespannt. Denn im Unterschied zum Recht macht die Moral die Frage geltend: „Was sollte sein?" Moralisches Fragen definiert nicht Untergrenzen des Handelnkönnens, sondern lotet dessen Obergrenzen aus. Die moralisch-ethische Dimension folgt dem Optimierungsgebot: *Es könnte noch besser sein, als es gegenwärtig ist*. Moralisches Reden muss man deshalb, um mit Hans Joas zu sprechen, nicht als „restriktiv", sondern als „attraktiv" (anziehend, einladend) bezeichnen. Es formuliert nicht verbindlich einzuhaltende Rahmenkriterien, sondern beschreibt Optimierungsziele.

Beide, Recht und Moral, bezeichnen Grenzpositionen des Handelns – die Grenze eines unbedingt zu respektierenden Minimums (Recht) sowie die Grenze eines unter Umständen zu erreichenden, immerhin zu erhoffenden Guten (Moral). Gegenüber den Liminalkategorien Recht und Moral wiederum markiert Politik eine Kategorie dritter Ordnung. Ihr ist die Frage eigen: „Was könnte sein?" Sie zielt gegenüber dem Minimum (Recht) und dem Optimum (Moral) auf das aktuell Mögliche, indem sie nach konkreten Realisationsformen des Guten im allgemeinen Raum des Rechten sucht. Politik gleicht oft genug der Suche nach der Quadratur des Kreises: Wie können die fiktiven Modelle des Guten nun konkret – für die große Zahl, unter Bedingungen wechselhafter Wahrscheinlichkeiten – verbindlich gemacht werden? Gegenüber Recht und Moral bildet Politik nicht den Modus einer *Grenze*, sondern eher den eines *Vektors*: Es geht ihr darum, Dynamiken des Handelns und Redens zu initiieren, die zu konkreten Realisierungen des hier „nur" prophylaktisch Definierten, dort „nur" antizipatorisch Erhofften führt. Politik ist die Art und Weise, die beiden Fäden des Rechten und des Guten auf eine Weise miteinander zu verweben, die beiden Rechnung trägt und so überhaupt erst erleb- und erfahrbar werden lässt.

Es sollte nun ersichtlich geworden sein, dass die Menschenrechte als eine paradigmatische Formation zu werten sind, in welcher die drei Dimensionen von Politik, Recht und Moral auf das Engste bezogen verarbeitet sind. Löst man eines der drei Glieder aus dem Menschenrechtsverständnis, zerfällt das Ganze. Samuel Moyn, Jan Eckel, Stefan-Ludwig Hoffmann und andere weisen aus historiografischer Perspektive darauf hin, dass Menschenrechte stets eingebettet sind in die Landschaft politischer Gelegenheiten, ohne die Geltungsansprüche zwar weiterhin richtig blieben, aber eben keine Chance hätten, auch konkret erlebbare Realität zu werden. In Theologie und Philosophie werden Geltungsfragen erörtert und nach guten Gründen für die Priorisierung bestimmter Geltungsansprüche vor anderen gefragt. Rechtlich ist nach einer kohärenten Implementierung menschenrechtlicher Ansprüche in das Gesamt der Rechtsmaterie zu fragen und danach, wie die zunächst hochtrabend klingende Semantik der Menschenrechte in konkretes Recht übersetzt werden kann, ohne ihren Stachel zu verlieren. Keiner der drei Blickwinkel für sich allein – aus seiner eigenen fachlich-methodischen Perspektive heraus – ist aber in der Lage, die Komplexität des „Gegenstandes Menschenrechte" angemessen wiederzugeben.

Die Überlegungen von Reinhart Koselleck konnten dabei helfen, sichtbar zu machen, wie sehr politisch-soziale und verfassungsgeschichtliche Begriffe einen historischen Index tragen: Sie „atmen" den Geist einer bestimmten historischen Zeit mit deren spezifischen Ambitionen und Möglichkeiten und transformieren diesen in Rechts- und Verfassungssprache – am humanitären Völkerrecht wird das exemplarisch sichtbar, da hier zwar in thematischer Hinsicht menschenrechtliche Gehalte aufgerufen sind, dies aber nicht unter dem Namen der Menschenrechte und in der heute vertrauten menschenrechtlichen Systematik geschieht. Als Begriffsbildungen führen solche Begriffe der politisch-sozialen Geschichte aber auch ein Eigenleben, das wiederum schöpferische Potentiale aktiviert, die nicht schon mit historischer Erfahrung gesättigt sind.

Vor dieser Folie wird es möglich, den Begriff der Menschenrechte schärfer zu konturieren, nämlich als ein *mixtum compositum* zwischen Recht, Moral und Politik. Mit den Menschenrechten liegt gleichermaßen ein epistemisches Paradoxon vor: Inmitten der aktuellen Erkenntnis- und Sinnsprachen, die differenzierungslogisch ausgewiesen sind, begegnet man in den Menschenrechten einer auf den ersten Blick entdifferenzierten Ganzheitlichkeitssemantik, welche moralische Geltungsansprüche mittels politisch-gesellschaftlicher Arbeit in positiviertes Recht übersetzt und als Treibsatz dieses Prozesses historische Erfahrungen zugrunde legt.

Doch diesem vermeintlichen Entdifferenzierungsprogramm zum Trotz kann mit den Menschenrechten – denkerisch oder auch politisch-gesellschaftlich – zu arbeiten bedeuten, in je unterschiedlich differenzierten „Mischungsverhältnissen" oder Akzentsetzungen vorzugehen: Menschenrechtliche Bewusstseinsarbeit in Erwachsenenbildung und Kerygmatik wird die moralische Seite in den

Vordergrund rücken, während die menschenrechtliche Lobbyarbeit einer Nichtregierungsorganisation vielmehr politische und rechtliche Aspekte des Menschenrechtsschutzes geltend machen wird. Beides ist legitim und im Sinne konkreter Wirksamkeit in funktional ausdifferenzierten Lebenswelten auch erforderlich. Das eine Mal wird man die Menschenrechte eher im Sinne einer Grenze, das andere Mal als Prozesskategorie anführen. Die Herausforderung besteht darin, die einzelnen Pole getrennt voneinander auszuweisen, sie aber nicht gegeneinander auszuspielen.

Mit anderen Worten: Es ist legitim, im Genre der Predigt vor allem auf die Menschenwürde als Fundament der Menschenrechte einzugehen, ohne auch noch über die Mechanismen des Individualklagerechts zum UN-Sozialpakt Bescheid zu wissen. Und umgekehrt ist es legitim und sogar notwendig, die Fokussierung bestimmter Menschenrechtsanliegen nach der Agenda politischer Gelegenheitsfenster auszurichten und deshalb Menschenrechtsverletzungen gegeneinander zu priorisieren. Die Liste von Beispielen solcher Vorzugsentscheidungen wäre beinahe beliebig zu verlängern. Falsch aber wäre es, aus solchen faktisch erforderlichen Notwendigkeiten die Schlussfolgerung abzuleiten, die Menschenrechte seien „nichts" ohne die religiöse Botschaft der Menschenwürde oder aber die einen Menschenrechte seien wichtiger als andere.

Literatur

Arendt, Hannah. 2018. *Die Freiheit, frei zu sein*. München: dtv Verlagsgesellschaft.

Bielefeldt, Heiner. 1998. *Philosophie der Menschenrechte. Grundlagen eines weltweiten Freiheitsethos*. Darmstadt: Wissenschaftliche Buchgesellschaft.

Bielefeldt, Heiner. 2006. Menschenrechte als Antwort auf historische Unrechtserfahrungen. In *Jahrbuch Menschenrechte 2007*, hrsg. von Volkmar Deile, Franz Josef Hutter und Sabine Kurtenbach, 135–142. Frankfurt a. M.: Suhrkamp.

Blickle, Peter. 2003. *Von der Leibeigenschaft zu den Menschenrechten. Eine Geschichte der Freiheit in Deutschland*. München: Beck.

Bogner, Daniel. 2019. Lernen aus Geschichte. Die Menschenrechtskonzeption von Hans Joas. In *Der Westen und die Menschenrechte. Die Menschenrechtskonzeption von Hans Joas*, hrsg. von Michael Kühnlein. Baden-Baden: Nomos, i. E.

Deitelhoff, Nicole. 2018. *Ordnung und Regieren in der Weltgesellschaft*. Wiesbaden: Springer VS.

Hoffmann, Stefan-Ludwig. 2010. *Moralpolitik. Geschichte der Menschenrechte im 20. Jahrhundert*. Göttingen: Wallstein.

Joas, Hans. 2011. *Die Sakralität der Person. Eine neue Genealogie der Menschenrechte*. Berlin: Suhrkamp.

Joas, Hans und Peter Vogt. 2011. *Begriffene Geschichte. Beiträge zum Werk Reinhart Kosellecks*. Frankfurt a. M.: Suhrkamp.

Koselleck, Reinhart. 1979. „Erfahrungsraum" und „Erwartungshorizont" – zwei historische Kategorien. In *Vergangene Zukunft. Zur Semantik geschichtlicher Zeiten*, hrsg. von Reinhart Koselleck, 349–374. Frankfurt a. M.: Suhrkamp.

Lohmann, Georg. 2016. Zu den wechselnden Vorrangverhältnissen von Recht und Moral im Kontext der Menschenrechte. In *Vorrang der Moral? Eine metaethische Kontroverse*, hrsg. von Martin Hoffmann, Reinhold Schmücker und Héctor Wittwer, 245–257. Frankfurt a. M.: Klostermann.

Mazower, Mark. 2010. Ende der Zivilisation und Aufstieg der Menschenrechte. Die konzeptionelle Trennung Mitte des 20. Jahrhunderts. In *Moralpolitik. Geschichte der Menschenrechte im 20. Jahrhundert*, hrsg. von Stefan-Ludwig Hoffmann, 41–62. Göttingen: Wallstein.

Marx, Karl. 1986 [1843/44]. *Zur Kritik der Hegelschen Rechtsphilosophie*. Leipzig: Reclam.

Menke, Christoph. 2013. Sklavenaufstand oder Warum Rechte? In *Eine Skizze. Menschenrechte und Demokratie. Georg Lohmann zum 65. Geburtstag*, hrsg. von Falk Bornmüller, Thomas Hoffmann und Arnd Pollmann, 137–157. Freiburg i. Br.: Karl Alber.

Moyn, Samuel. 2010a. *The Last Utopia. Human Rights in History.* Cambridge, MA: Harvard University Press.
Moyn, Samuel. 2010b. Personalismus, Gemeinschaft und die Ursprünge der Menschenrechte. In *Moralpolitik. Geschichte der Menschenrechte im 20. Jahrhundert*, hrsg. von Stefan-Ludwig Hoffmann, 63–91. Göttingen: Wallstein.
Wiener, Antje. 2018a. *Contestation and Constitution of Norms in Global International Relations.* Cambridge: Cambridge University Press.
Wiener, Antje. 2018b. Nachhaltige Normativität im globalen Raum: Kontestation und Konstitutionalisierung. WiSo-HH Working Paper Series, Working Paper No. 38. https://www.wiso.uni-hamburg.de/forschung/forschungslabor/archivfl/working-paper/wp38.pdf. Zugegriffen: 31. Januar 2019.

Humanitäres Völkerrecht und Menschenrechte: Synthese und Ausblick

Stefan Oeter

1 Einleitung

Die Menschenrechte sind vordergründig ein recht neues Phänomen, als Gegenstandsbereich des Völkerrechts erst aufgetaucht mit der Charta der Vereinten Nationen, darauf aufbauend die Allgemeine Erklärung der Menschenrechte von 1948 und in der Folge dann die Konventionssysteme des regionalen und des universellen Menschenrechtsschutzes. Natürlich ist dieser Gedanke 1945 nicht vom Himmel gefallen. Dass sich die Völkerrechtsordnung der Thematik des Schutzes des Einzelnen gegenüber willkürlicher staatlicher Gewalt annahm, hat zwar ohne Zweifel mit den Gräueln des Nationalsozialismus zu tun und vorrangig mit der Erfahrung des Holocaust. Zugleich rekurriert der Gedanke der Menschenrechte aber auf philosophische Konzepte, die deutlich älter sind und im Vernunftrecht der Aufklärung ihren Ausdruck gefunden hatten. Sowohl die französische Déclaration des Droits de l'Homme et du Citoyen von 1789 wie die Bill of Rights der Verfassung von Virginia 1776 und dann der US-Bundesverfassung 1787/88 postulierten den Grundgedanken der Menschenrechte schon Ende des 18. Jahrhunderts, wenn auch mit einer Zielrichtung zunächst auf innerstaatliche Herrschaftsverhältnisse. Sieht man genauer hin, ließe sich viel von dem Gedankengut der unveräußerlichen Menschen- und Bürgerrechte der Aufklärung wohl bis in die scholastische Moraltheologie des Mittelalters zurückverfolgen.

Der gleichen Wurzel entstammt im Übrigen auch das klassische Kriegsvölkerrecht, das heute im Gewand des humanitären Völkerrechts die zentralen Regelungskomplexe zum Schutz gefährdeter Personengruppen vor den Exzessen militärischer Gewalt enthält. Als Seitenarm der klassischen Lehre des *bellum justum* hat der Gedanke der Disziplinierung der Mittel und Methoden kriegerischer Gewalt sich im Verlaufe der frühen Neuzeit zunächst von diesen moralphilosophischen Wurzeln emanzipiert. In seinen Grundprägungen ist zwar auch dieses Recht durchzogen von Gedanken der scholastischen Moraltheologie und der aufklärerischen Moralphilosophie. Praktische Wirksamkeit erlangt hat es aber vor allem durch die Ausfällung spezifischer Kriegsbräuche der gemeineuropäischen Kaste des Militäradels, die als *Community of Practice* im Verlaufe des 16., 17. und 18. Jahrhunderts einen eigenen Kanon von gewohnheitsrechtlichen Regeln ausbildete, wie Kriege legitim zu führen sind (und was dabei tunlichst zu unterlassen ist). Dieser gewohnheitsrechtliche Kanon war eher auf Vorstellungen der Standesehre gestützt als auf moralphilosophische Überzeugungen – doch wiesen beide Bereiche erhebliche Schnittmengen auf, wie sich an den Bemühungen um eine Kodifikation der Kriegsbräuche zeigte, etwa dem *Lieber Code* für die Unionsarmee des Amerikanischen Bürgerkriegs oder dann 1899 der Haager Landkriegsordnung. Mit Henri Dunant und der Rotkreuzbewegung trat zeitgleich auch ein explizit humanitäres Leitbild auf die Bühne, das Stück für Stück Abkommen zugunsten der Opfergruppen im Krieg erreichte. Für ungefähr ein Jahrhundert standen beide Korpora

Synthese und Ausblick

des Rechts nebeneinander, als sogenanntes Haager und Genfer Recht, um dann mit den Genfer diplomatischen Verhandlungen der 1970er-Jahre (und dem Ersten Zusatzprotokoll zu den Genfer Rotkreuzkonventionen von 1977) zu einem einheitlichen Korpus verschmolzen zu werden.

Die Eigenlogiken beider Rechtsregime, des humanitären Völkerrechts und der Menschenrechte, unterscheiden sich folglich im Detail erheblich – wenn auch beide von gemeinsamen Grundgedanken geprägt sind und implizit mehr Verbindendes aufweisen als die *Epistemic Communities* von Militärs und Militärjuristen auf der einen Seite, Menschenrechtler auf der anderen Seite traditionell wahrgenommen hatten. Die in den Grundlagenbeiträgen von Georg Lohmann und Daniel Bogner angestellten Überlegungen zu den unterschiedlichen – rechtlichen, politischen und ethisch-moralischen – Dimensionen der Menschenrechte und zur damit verbundenen Frage nach deren Universalität verdeutlichen diesen gemeinsamen Humus und lassen uns besser verstehen, warum – trotz aller Unterschiede im Detail – sich die Grundfragen in beiden Bereichen recht ähnlich stellen.

2 Konvergenz von humanitärem Völkerrecht und Menschenrechten

Die Beiträge von Martina Haedrich und Wolfgang S. Heinz kreisen um die zunehmende Konvergenz der Rechtsregime des humanitären Völkerrechts und des völkerrechtlichen Menschenrechtsschutzes. Die verschiedenen Dimensionen dieser Konvergenz werden in den Beiträgen kundig beschrieben und analysiert. Will man sich über die zahlreichen (und zum Teil auch sehr unterschiedlichen) Facetten dieser beobachteten Konvergenz Rechenschaft ablegen, so ist es hilfreich, vier unterschiedliche Dimensionen zu unterscheiden.

Zunächst einmal ist, *erstens*, eine deutliche Konvergenz in der Entwicklung der Normtexte über die letzten Jahrzehnte hinweg zu beobachten, und zwar sowohl auf der Ebene der Vertragstexte wie auf der Ebene der die vertraglichen Normen konkretisierenden *Soft Law*-Dokumente. Mit der zunehmenden Dominanz des – dem Genfer Recht entstammenden – humanitären Völkerrechts über das klassische Law of Armed Conflicts geht eine „Vermenschenrechtlichung" der Normsysteme des Konfliktvölkerrechts einher. Besonders sichtbar ist dies am Beispiel der Repressalienverbote des Ersten Zusatzprotokolls, die die klassischen Formen der *Belligerent Reprisal* zulasten der Zivilbevölkerung (und anderer wichtiger Schutzgüter) fast vollständig tabuisiert haben. Beiseite geschoben wird damit die klassische Abstützung der Normengefüge des Kriegsvölkerrechts auf Reziprozitätsmechanismen. Wenn ich weiß, dass die andere Seite mit Vergeltungsmaßnahmen *in kind* antworten wird, hat dies (als Schatten) Auswirkungen auf das Nutzenkalkül eines bewussten Rechtsbruches. Die Durchsetzung des klassischen Konfliktvölkerrechts war traditionell sehr stark auf Reziprozitätserwartungen abgestützt – Reziprozitätskalküle, die jetzt, da die Gegenmaßnahmen unschuldige Dritte zum (Kollateral-)Opfer der Normerzwingung machen würden, in einer menschenrechtlichen Logik nicht mehr als ethisch vertretbar erscheinen. In seiner Architektur der Durchsetzungsmechanismen nähert sich das humanitäre Völkerrecht damit mehr und mehr dem Menschenrechtsschutz an, wird – wie die Menschenrechte – zusehends abhängig von (institutionell koordiniertem) Befolgungsdruck seitens der Staatengemeinschaft.

Die Dominanz einer menschenrechtlich geprägten Optik hat, *zweitens*, auch die klassische Wahrnehmung der Völkerrechtswissenschaft zum Verhältnis von humanitärem Völkerrecht und Menschenrechten verändert. In der klassischen Perspektive erschienen die zwei Rechtsregime als ein komplementär-arbeitsteiliger Verbund

Synthese und Ausblick

von Normengefügen mit unterschiedlichen Anwendungsbereichen. In dieser klassischen Optik fanden die Menschenrechte Anwendung im rechtlichen Normalfall der Durchsetzung staatlicher Hoheitsgewalt in Friedenszeiten, während das humanitäre Völkerrecht ein Sonderregime für den extremen Ausnahmefall des bewaffneten Konfliktes darstellte, für den es als spezielle Regelung ausschließliche Anwendung fand. Diese Konstruktion der getrennten Anwendungssphären hat sich jedoch nicht halten können. Schon ein Blick in den Text der Menschenrechtskonventionen zeigt, dass diese Konstruktion auf einer verkürzten Optik beruht. Zwar werden dort bestimmte Garantien (wie etwa das Recht auf Leben) für die Sonderfälle der Aufstandsbekämpfung (Art. 2 Abs.2 lit. c EMRK) beziehungsweise des bewaffneten Konfliktes derogiert zugunsten der Normen des humanitären Völkerrechts und es werden (so etwa Art. 15 Abs.1 EMRK) den Staaten Möglichkeiten eingeräumt, bestimmte Gewährleistungen zu suspendieren oder von ihnen zumindest abzuweichen, sofern Krieg oder ein (qualifizierter) öffentlicher Notstand diese Maßnahmen erfordern. Denklogisch setzt ein solcher Mechanismus jedoch die grundsätzliche Anwendbarkeit der Menschenrechtspakte auch für derartige Situationen voraus. Diese Perspektive einer grundsätzlichen Überschneidung der Anwendungsbereiche – und dadurch bedingt der im Prinzip parallelen Anwendbarkeit – hat sich mittlerweile in der Völkerrechtsdoktrin wie auch der Völkerrechtspraxis weitgehend durchgesetzt. Entscheidende Anstöße dazu hat – wie in den Beiträgen von Martina Haedrich und Wolfgang S. Heinz auch mehrfach erwähnt – der Internationale Gerichtshof geliefert, vor allem im sogenannten Nuklearwaffengutachten und im Gutachten zum Bau der Grenzmauer Israels in den besetzten Gebieten. Die Menschenrechte ergänzen demnach den Schutzstandard des humanitären Völkerrechts in Situationen bewaffneter Konflikte – so sind etwa zur Ausfüllung der sehr unbestimmten Standards der Haager

Landkriegsordnung zur Aufrechterhaltung des zivilen Lebens in besetzten Gebieten die wirtschaftlichen, sozialen und kulturellen Rechte des sogenannten Sozialpaktes, also des Internationalen Paktes über wirtschaftliche, soziale und kulturelle Rechte der UN von 1966, heranzuziehen. Eingeschränkt wird diese – im Prinzip parallele – Anwendung beider Pakte allerdings durch die häufig verwendeten Möglichkeiten der notstandsbedingten Derogation der Menschenrechte in den Ausnahmesituationen des bewaffneten Konflikts und des sonstigen öffentlichen Notstands. Dies bedeutet, dass in den Extremsituationen organisierter militärischer Gewaltsamkeit, in denen das humanitäre Völkerrecht recht einschneidende Befugnisse für, von den klassischen Menschenrechtsgarantien krass abweichende, Sondermaßnahmen vorsieht, wie etwa der erlaubten gezielten Tötung gegnerischer Kämpfer, die Menschenrechte gerade flexibilisiert sind und keine strikten Standards in Ergänzung des humanitären Völkerrechts hergeben.

Diese veränderte Wahrnehmung hat, *drittens*, auch zu einem deutlich intensiveren Dialog zwischen Militärs und Militärjuristen, als *Epistemic Community* des klassischen Konfliktvölkerrechts, und Menschenrechtlern geführt als dies bis dato geläufig war. Den Militärjuristen und Rechtsberatern der Streitkräfte ist heute voll bewusst, dass der Rechtsrahmen, in dem Einsätze der Streitkräfte stattfinden, nicht nur aus den Regeln des humanitären Völkerrechts besteht, sondern komplementär auch die völkerrechtlichen Menschenrechtsgewährleistungen in den Blick zu nehmen sind. Umgekehrt hat die Menschenrechtscommunity längst gelernt, dass auch Extremsituationen bewaffneter Konflikte nicht völlig aus dem Anwendungsbereich der Menschenrechtspakte herausfallen und dementsprechend in den klassischen Verfahren des Monitoring und vor allem den *Special Procedures* des UN-Menschenrechtsrates in den Blick zu nehmen sind. Diese veränderte Perspektive spiegelt sich in den Aktivitäten des Menschenrechtsrates und seiner zahlreichen

Sonderberichterstatter und Working Groups auch seit langem wider – nicht immer zum Vergnügen der Praxisgemeinschaft des professionellen Militärs. Diese fühlen sich durch das Extrapolieren rein menschenrechtlicher Maßstäbe auf Situationen militärischer Auseinandersetzung, vor allem aber die mitunter unzureichende Kenntnis (und Berücksichtigung) der Sonderregeln des humanitären Völkerrechts durch Menschenrechts-NGOs und Experten der *Monitoring Bodies* und *Special Procedures*, des häufigeren missverstanden und falsch beurteilt. Dies gilt schon gar, wenn die verengte Optik der Menschenrechtsexperten einhergeht mit dem – den Mechanismen des *Naming and Shaming* eingeschriebenen – Hang zur Skandalisierung militärischer Praktiken. Die Auseinandersetzung der epistemischen Gemeinschaften des humanitären Völkerrechts ähnelt häufig einem Dialog unter Hörgeschädigten – aber zumindest nimmt man inzwischen Kenntnis voneinander und lässt sich tendenziell auf die Argumente der anderen Seite ein.

Der Dialog der beiden Rechtsregime (oder der sie tragenden Interpretations- und Praxisgemeinschaften) mündet, *viertens*, zusehends in Forderungen nach einer harmonisierenden Auslegung der Normen der beiden Rechtsregime. Ausgehend von einem normativen Postulat der Einheit der Völkerrechtsordnung wird gefordert, etwaige Normenkonflikte – soweit es geht – interpretativ zu bereinigen oder zu vermeiden. Dies bedeutet, dass Normen des humanitären Völkerrechts im Lichte der parallel anwendbaren Menschenrechtsgewährleistungen auszulegen sind und umgekehrt Menschenrechtsgarantien im Lichte der Sonderregeln des humanitären Völkerrechts. Im Blick auf die Menschenrechte ist dies schon allein hinsichtlich der Flexibilisierung der Standards durch die Notstandsklauseln sinnvoll. Können die Staaten zur Bewältigung von Notstandssituationen legitimerweise von ansonsten strikten Standards abweichen, so geraten die „roten Linien" der Menschenrechtsgewährleistungen allzu leicht ins Rutschen, verflüchtigen sich im Nebel des Streites über Notwendigkeiten. Das humanitäre Völkerrecht stellt jedoch für bestimmte menschenrechtliche Schutzgüter Mindeststandards auf, die selbst in der Situation des bewaffneten Konflikts unhintergehbar sind. Ordnet das humanitäre Völkerrecht, um ein Beispiel zu geben, für bestimmte Situationen, etwa die Verhaftung und Internierung von Zivilpersonen in besetzten Gebieten oder die Internierung gefangener feindlicher Kämpfer im nicht-internationalen bewaffneten Konflikt, bestimmte Mindeststandards der Behandlung dieser Gefangenen an, so wird man diese Minimalstandards, auch im Blick auf die für Notstandssituationen geforderte Flexibilität, nicht mehr unterschreiten können. Das Völkerrecht hat sich ja längst auf Minimalstandards für derartige Situationen in einem Korpus von Spezialregelungen verständigt – weitere Diskussionen unter menschenrechtlicher Perspektive dürften sich damit erübrigen. Umgekehrt wird man die – häufig sehr unbestimmten – Standards des humanitären Völkerrechts für derartige Inhaftierungen oder Internierungen im Lichte menschenrechtlicher Grundstandards und Erfahrungssätze der Menschenrechtsrechtsprechung auffüllen können. Der von diesem Dialog geprägte Rechtsbereich der Schnittstellendiskussion zu *Humanitarian Law and Human Rights* hat sich als sehr produktiv erwiesen und wird auch in Zukunft noch weitere Klärungen der in Problemsituationen anwendbaren Standards erbringen.

3 Grenzen der Konvergenz

Man sollte allerdings nicht unterschlagen, dass die vielfach beschworene Konvergenz von humanitärem Völkerrecht und Menschenrechten ihre Grenzen hat. Aus guten Gründen sind historisch zwei sehr unterschiedliche Normenkomplexe für die sehr verschie-

Synthese und Ausblick

denen Situationen der Regulierung militärischer Gewaltanwendung im bewaffneten Konflikt einerseits, der Grenzen der Ausübung der Staatsgewalt im Normalfall eines geordneten Staatslebens andererseits, ausgebildet worden. Die paradigmatischen Situationen, auf die diese Normenkomplexe zugeschnitten sind, unterscheiden sich doch sehr grundlegend – und dementsprechend ist die normative Eigenlogik, die den inneren Kern der zwei Rechtsregime prägt, auch nicht ohne Brüche oder Verluste einander völlig anzunähern. Es macht eben einen Unterschied, ob der Staat mit seiner Polizeigewalt gegen einzelne gewalttätige Rechtsbrecher vorgeht, unter der Rahmenbedingung eines grundsätzlich gegebenen Gewaltmonopols, oder ob der Staat und seine Rechtsordnung ganz fundamental herausgefordert sind durch eine konkurrierende Struktur organisierter Gewalt, die dessen Gewaltmonopol (und die damit verbundene Rechtsordnung) nicht nur prinzipiell bestreitet, sondern durch systematische Gewaltausübung zu Fall zu bringen sucht. In dieser Situation fundamentaler Herausforderung (und existenzieller Bedrohung) wird der Staat zu ganz anderen Gewaltmitteln greifen müssen im Kampf um die Bewahrung der Rechtsordnung, und wird man ein anderes Niveau der Gewaltausübung zu akzeptieren haben, als in der ‚Normalsituation' eines geordneten Staatslebens.

Mit anderen Worten: Die Differenz in der grundlegenden normativen Codierung von humanitärem Völkerrecht und Menschenrechten hat ihren guten Sinn – und kann (und sollte) nicht so ohne weiteres verwischt werden. Diese Differenz muss sinnvollerweise aufrechterhalten werden, das Vorantreiben immer weiterer textueller und interpretativer Konvergenz kippt irgendwann um ins Kontraproduktive. Dem Staatsapparat – und damit in der Extremsituation fundamentaler Herausforderung durch konkurrierende Gewaltorganisation dem Militär, als dem mit den besonders brachialen Gewaltmitteln ausgestatteten Kern des staatlichen Gewaltapparats – müssen die Handlungsmöglichkeiten belassen werden, derer es bedarf, um mit der Herausforderung fertig zu werden. Hier liegt der berechtigte Kern des Unbehagens professioneller Militärs, wenn Rechtsfragen bewaffneter Konflikte zu simplifiziert über den Leisten einer rein menschenrechtlichen Perspektive geschlagen werden. Wenn ich als Militär konfrontiert bin mit einem Gewaltapparat zu allem entschlossener Kämpfer mit militärischer Ausstattung und Organisation, so kann ich schwerlich verwiesen werden auf die prinzipiell vorrangige Option der Gefangennahme als Modus der Gefahrenabwehr. Der militärische Gegner, der willens und in der Lage ist, jeden ihm entgegentretenden Vertreter der Staatsgewalt zu töten, kann häufig seinerseits nur durch gezielte Tötung unschädlich gemacht werden – will der Staat nicht seinen Anspruch auf Durchsetzung seiner eigenen Rechtsordnung aufgeben.

Die scharfen Befugnisse des humanitären Völkerrechts zur gezielten Tötung gegnerischer Kombattanten oder feindlicher Kämpfer und zur Zerstörung auch ziviler Objekte, soweit sie im Kontext der Kampfhandlungen zu militärischen Zwecken genutzt werden, schon gar die Möglichkeit der Inkaufnahme unter Umständen auch massiver Kollateralopfer und -schäden, die weitreichenden Möglichkeiten der Freiheitsentziehungen gefangener gegnerischer Kämpfer und der der Kollaboration mit dem Feind verdächtigen Teile der Zivilbevölkerung, die harschen Befugnisse für einschränkende Sicherheitsmaßregeln, die etwa einer Besatzungsmacht zustehen, sind schwerlich ohne Verluste einer rein menschenrechtlichen Logik anzuverwandeln. Diese weitreichenden Befugnisse zur Gewaltanwendung reagieren auf eine ganz spezifische Extremsituation, die dem Normalfall der Menschenrechte fremd ist – genau deshalb flexibilisieren die Menschenrechtspakte ja mit den Notstandsklauseln die Bindung an die in ihnen kodifizierten Garantien in der vom Normalfall extrem abweichenden Sondersituation des Notstands.

Epistemisch ist dies in einer primär menschenrechtlich orientierten Diskurskultur, wie sie die Menschenrechts-NGOs und die *Treaty Bodies* des Menschenrechtsschutzes prägt, nicht immer leicht in den Blick zu nehmen. Der Menschenrechtsschutz, schon gar in seiner aktivistischen Variante, ist auf permanente Optimierung der Rechtspositionen orientiert und auf eine Logik des „immer mehr" an Rechten, an Schutz und an Geschützten geeicht. Die von den Traditionen des klassischen Kriegsvölkerrechts geprägten Normenkomplexe des humanitären Völkerrechts erscheinen da leicht als Fremdkörper, die man nur vorübergehend (und widerwillig) als notwendiges Übel akzeptiert, die man aber langfristig durch Assimilation an eine rein menschenrechtliche Logik zu entsorgen trachtet. Das Ergebnis ist eine untergründig angelegte Spannung zwischen Menschenrechtsdiskurs und der (militärisch geprägten) Sonderwelt des humanitären Völkerrechts. Das tiefe Unbehagen professioneller Militärs (und Militärjuristen) ist unverkennbar, wenn Fragen militärischer Gewaltanwendung im bewaffneten Konflikt unter rein menschenrechtlicher Perspektive verhandelt werden, etwa in den Foren des UN-Menschenrechtsrates oder vor dem Europäischen Gerichtshof für Menschenrechte. Dieses Unbehagen stellt, so die hier vertretene These, auch kein bloßes Ressentiment einer „zurückgebliebenen" Praxisgemeinschaft archaischer Prägung dar. In ihr drückt sich vielmehr eine normative Spannungslage aus, die letztlich unaufhebbar ist, will man den zugrundeliegenden normativen und ethischen Dilemmalagen Gerechtigkeit widerfahren lassen.

4 Menschenrechte und die ethischen Dilemmata militärischer Gewaltanwendung

Die Eigenlogik des humanitären Völkerrechts als der Regeln militärischer Gewaltanwendung im bewaffneten Konflikt, in das Prokrustesbett einer auf den Normalfall geordneter Staatlichkeit orientierten Menschenrechtskasuistik zu stecken (und so zu verschleifen), würde – so der provokante Kern dieser Überlegungen – in eine fatale Unehrlichkeit führen. Das humanitäre Völkerrecht sucht einen ethisch zutiefst problematischen Sonderfall staatlicher Gewaltanwendung normativ abzubilden und zu bewältigen. Dazu muss dieses Recht in großem Umfang Erwägungen der militärischen Notwendigkeit Rechnung tragen. Kern jeder militärischen Auseinandersetzung ist die Neutralisierung und Überwindung des gegnerischen Gewaltapparates. Dazu bedarf es in der Regel massiver Gewaltanwendung, einschließlich der gezielten Tötung gegnerischer Kombattanten, der Schädigung gegnerischer Anlagen und Objekte, ja, der Hinnahme von Kollateralopfern unter unschuldigen Angehörigen der Zivilbevölkerung. Die (auch menschenrechtlich relevanten) Belange der am Konflikt nicht unmittelbar Beteiligten müssen soweit wie möglich vor der militärischen Gewaltanwendung geschützt werden – das ist der verbindende gemeinsame Kern von Menschenrechten und humanitärem Völkerrecht. Doch in diesem Belang geht das humanitäre Völkerrecht nicht auf. Der militärische Konflikt muss auch für den rechtsgebundenen Gewaltapparat des demokratischen Verfassungsstaates noch führbar bleiben, soll sich der Rechtsstaat nicht aufgeben und der zügellosen Gewalt eines weniger normative Skrupel kennenden Gegners weichen.

Im Hintergrund lauert der Alptraum einer fatalen normativen Asymmetrie. Verstrickt sich der wohlmeinende, auf Menschenrechte orientierte Rechtsstaat zu stark in den Fallstricken einer

Synthese und Ausblick

rigide die Individualrechtsgüter der Betroffenen schützenden Rechtsordnung, während er zugleich mit einem die rechtlichen Bindungen zynisch missachtenden, womöglich gar negierenden Gegner konfrontiert ist, so droht diese Situation de facto völlig asymmetrischer Rechtsbindung in eine Unmöglichkeit zu kippen, den Konflikt noch rechtskonform zu führen. Ethisch wären die Folgen, zumindest in der Perspektive einer konsequenzialistischen Ethik, völlig kontraproduktiv. Das Recht müsste dem Unrecht weichen, ja das Recht würde sich tendenziell aufgeben, da systematisch seiner Behauptungsfähigkeit beraubt. Der Gedanke rechtserhaltender Gewalt, der den modernen Ausprägungen von Friedensethik zugrunde liegt, wäre in sein Gegenteil verkehrt.

Auch ein menschenrechtliches Paradigma muss diesem Aspekt Rechnung tragen. Das zivilisatorische Projekt der Einhegung der Gewalt in Formen des Rechts, so schön von Immanuel Kant auf den Punkt gebracht im kategorischen Imperativ des Eintritts in den Rechtszustand, gewinnt nichts, wenn das Recht sich selbst der Mittel zur Behauptung gegenüber seiner eigenen Negation beraubt. Das damit sehr abstrakt beschriebene Problem ist auch alles andere als akademisch. Besichtigen kann man dies immer wieder plastisch in Situationen des nicht-internationalen bewaffneten Konflikts, die heutzutage empirisch den Regeltypus des bewaffneten Konflikts ausmachen. Verbunden mit diesem Konflikttypus ist regelmäßig der partielle oder vollständige Zusammenbruch der staatlichen Ordnung (und damit der Rechtsordnung). Die für den zwischenstaatlichen Konflikt, der ausgetragen wird zwischen Streitkräften aus professionellen Militärs, so prägende normative Symmetrie ist im nicht-internationalen Konflikt schon definitionsgemäß nicht gegeben. Der nicht-internationale Konflikt ist im Kern aus Sicht des Staates zunächst einmal Aufstandsbekämpfung – und die Staaten akzeptieren insoweit keine normative Symmetrie, also Anerkennung der Aufständischen als gleichberechtigter Konfliktpartei, wie das Schicksal der Bemühungen des IKRK um die Gleichstellung nicht-internationaler mit internationalen Konflikten zeigt. Der Gedanke, „Rebellen" als Kombattanten anzuerkennen und ihnen damit Immunität für die Gewaltausübung gegenüber den eigenen militärischen Apparaten zuzugestehen, ist bis heute ein Anathema für die Staatenwelt. Die Konsequenz: Angehörige von Rebellengruppen sind aus Sicht des Staates im nicht-internationalen Konflikt Kriminelle, die hinter Schloss und Riegel gehören. Damit besteht aber zugleich nur ein geringer Anreiz für Angehörige von Rebellengruppen, sich an die Standards des humanitären Völkerrechts zu halten. Der reguläre Kombattant darf die roten Linien des humanitären Völkerrechts nicht überschreiten, sonst verliert er sein Kombattantenprivileg und wird zum Kriegsverbrecher. Wenn der Aufständische aber sowieso als Krimineller gebrandmarkt wird, warum sollte er seine Kampfführung im Lichte hehrer humanitärer Prinzipien einschränken, wenn darunter die Effektivität der Bemühungen leidet, dem Gegner so viel Schaden wie möglich zuzufügen.

In der Folge sind nicht-internationale Konflikte von der oben beschriebenen normativen Asymmetrie geprägt. Der Staat sieht sich einem Gegner gegenüber, der sich kaum an Regeln hält, und muss in seiner Operationsführung mit dem Dilemma leben, selbst durch das Regelgefüge des humanitären Völkerrechts gebunden zu sein, während die Gegenseite sich um diese Regeln kaum schert. Legitimationstheoretisch ist diese Asymmetrie gut begründbar – der Staat nimmt in diesem Fall ja in Anspruch, Vertreter des Rechts zu sein und für die Aufrechterhaltung der Rechtsordnung zu kämpfen, während die andere Seite für ihn eine Bande von Kriminellen darstellt. In praktischer Hinsicht müssen die Normen dann aber so konzipiert sein, dass sie erfolgreiche Operationsführung, die auf ein Niederkämpfen der nicht-staatlichen Gewaltakteure gerichtet ist, auch unter Beachtung der rechtlichen Disziplinen noch ermöglicht – sonst würde das Recht sich ad absurdum führen.

Die Eigenlogik militärischen Handelns gebietet es also, militärischen Akteuren auch sehr robuste Formen der Gewaltanwendung offenzuhalten, unter Inkaufnahme der gezielten Tötung gegnerischer Kämpfer und sogar der (kollateralen) Tötung unbeteiligter Dritter. Dies wirft natürlich schwierige ethische Dilemmata auf, in ganz anderer Form als bei alltäglichem polizeilichen Handeln. Das Recht sollte diese ethischen Dilemmata dann auch zureichend abbilden und den handelnden Akteuren Handreichungen zum Umgang mit diesen ethischen Dilemmalagen an die Hand geben. Die Menschenrechte vermögen dies – schon aufgrund der bewussten Offenheit der Standards in Situationen des Notstands – nicht wirklich. Es bedarf spezifischer Regelsätze, die der Eigenlogik militärischen Handelns in Situationen bewaffneter Konflikte Rechnung tragen. Plastisch sichtbar wird dies an der Problematik der Kollateralschäden. Aus einer rein menschenrechtlichen Logik stellt es (zumindest im Normalfall) ein Anathema dar, gewusst und gewollt das Leben unbeteiligter Dritter aufzuopfern im Interesse der Bewahrung der Rechtsordnung. Im bewaffneten Konflikt ist dies ganz anders. Nähme man die Möglichkeit etwaiger Kollateralschäden nicht in Kauf, würde dies es den – das Recht nihilistisch missachtenden – Gewaltakteuren erlauben, sich der rechtserhaltenden Gewalt gegenüber systematisch durch den Einsatz ziviler Schutzschilde zu immunisieren. Das Recht würde seine Durchsetzungskraft verlieren, wäre dem Zynismus der besonders skrupellos agierenden Rechtsleugner ausgeliefert. Das heißt nicht, Kollateralschäden seien unproblematisch – im Gegenteil, sie sind immer problematisch. Sie müssen aber in bestimmten Kontexten in Kauf genommen werden – und das darin begründete ethische Dilemma muss offen thematisiert und ausgetragen werden.

5 Ausblick: Militärische Gewalt und die Logik der Angemessenheit

Die vorstehenden Bemerkungen sollten als ernüchternde Bilanz jahrzehntelanger Erfahrungen mit dem Zusammenspiel von Menschenrechten und humanitärem Völkerrecht gelesen werden. Immer wieder anzutreffende Blütenträume, das Element des Brutalen und Zynischen, das scheinbar dem humanitären Völkerrecht innewohnt, könne durch allmähliche Assimilation an die Logik der Menschenrechte zum Verschwinden gebracht werden, erweisen sich als gefährlicher Trugschluss. Ein solcher Schritt wäre denkbar – er würde aber das humanitäre Völkerrecht seiner Leistungskraft berauben, würde die militärischen Apparate entweder der Optionen robuster Gewalt berauben, derer es zur Bewahrung der Rechtsordnung in Extremsituationen bedarf, oder er würde den Rückgriff auf die (tödliche) militärische Gewalt in die undurchdringliche Nebelbank der Notstandsklauseln verschieben. Erstere Strategie wäre fatal für die Behauptungsfähigkeit des Rechts, letztere Strategie wäre im Kern nichts als eine Mogelpackung, die das Problem zu verstecken sucht, damit aber den Operateuren des Rechts im Grenzfall keine rechtlichen Leitlinien mehr an die Hand gibt, sie im Regen stehen lässt.

Fatal wäre eine solche Strategie, weil Menschenrechte wie humanitäres Völkerrecht in ihrer alltäglichen Beachtung weithin auf einer Logik der Angemessenheit fußen. Menschenrechte werden von Polizei, Verwaltung und Gerichten – und humanitäres Völkerrecht vom Militär – im Kern nicht deshalb eingehalten, weil es auf der internationalen Ebene robuste Mechanismen der Durchsetzung gäbe, die die rechtsgebundenen Akteure zwingen, sich an die vorgegebenen Standards zu halten. Menschenrechte und humanitäres Völkerrecht werden in der Regel vielmehr deshalb beachtet, weil in ihnen eine Logik der Angemessenheit Ausdruck findet. Der Staatsapparat eines demokratischen Verfassungsstaates findet es im Grundsatz schlicht angemessen, sich an menschenrechtliche Standards zu halten, und ihn überkäme ein Gefühl des Unwohlseins, würde er sich systematisch darüber hinwegsetzen. Gleiches gilt im Grundsatz auch für das professionelle Militär demokratischer Verfassungsstaaten. Die Standards des humanitären Völkerrechts sind hier im Kontext einer professionellen Sozialisation internalisiert worden – und spiegeln im Übrigen auch tradierte Vorstellungen professioneller Ethik des Berufsmilitärs wider. Dies ist Stärke und Schwäche dieser Rechtsregime. Mit der richtigen Organisationskultur und entsprechender Sozialisation funktionieren diese Normen gut. Weisen die Organisationskulturen der Polizei und des Militärs strukturelle Defizite auf, mangelt es an professioneller Sozialisation und entsprechender Einübung in professionelle Standards, so wird die Normbefolgung tendenziell notleidend. Ganz problematisch wird es logischerweise bei ad hoc gebildeten Gewaltapparaten nicht-staatlicher Gewaltorganisationen, denen es an gewachsener Organisationskultur und professioneller Sozialisation mangelt – das Problem der Aufstandsbewegungen und Bürgerkriegsmilizen wurde bereits erwähnt.

Die Logik der Angemessenheit setzt jedoch ein Regelsystem voraus, das in etwa kongruent ist mit den historisch gewachsenen professionellen Standards (und der Professionsethik) der Apparate und Funktionsträger, die das entsprechende Regelsystem anwenden sollen. Mit anderen Worten: Die Operateure des Rechts müssen ihre konkreten Probleme im Recht wiederfinden, müssen die anzuwendenden Regeln als im Prinzip sinnvolle Bewältigung ihrer Handlungszwänge und ethischen Dilemmata wahrnehmen. Genau hier liegt die traditionelle Stärke des humanitären Völkerrechts: Es ist ein Recht, das aus dem Erfahrungsfundus des Militärs gewachsen ist, dessen Probleme verarbeitet und die dabei auftretenden ethischen Dilemmata aus Sicht der Betroffenen weithin angemessen widerspiegelt. Wir dürfen darauf nicht verzichten, wollen wir eine größtmögliche Berücksichtigung humanitärer Belange (man könnte auch sagen: menschenrechtlicher Belange) unter gleichzeitiger Bewahrung zureichender Handlungsspielräume für den militärischen Apparat erreichen, also die Apparate gewaltsamer Behauptung der Rechtsordnung gegen Gefahren von innen und außen. Eine Rechtsordnung ohne rechtserhaltende Gewalt kann es – stellt man die *conditio humana* grundsätzlicher Gewaltbereitschaft des Menschen in Rechnung – nicht geben. Diese rechtserhaltende Gewalt darf nicht exzessiv handeln und ihrerseits zum schwarzen Loch von Recht und Gerechtigkeit werden. Doch gutgemeintes, aber schlecht gemachtes Überdrehen der Schraube rechtlicher Bindung würde die Rechtsordnung der Überlebensfähigkeit in Extremsituationen berauben. Daran sollte niemandem gelegen sein, denn Recht ist eine fragile zivilisatorische Errungenschaft, deren Bestand nicht naturgegeben vorausgesetzt werden kann. Die Rechtsordnung muss gegenüber Anfechtungen immer wieder neu verteidigt und behauptet werden – eine Einsicht, die in Zeiten scheinbar stabiler Ordnung leicht aus dem Blickfeld gerät.

Autorinnen und Autoren

Daniel Bogner, Dr. theol. habil., Professor für Allgemeine Moraltheologie und Ethik an der Katholisch-Theologischen Fakultät der Universität Fribourg (CH)

Martina Haedrich, Dr. jur. habil., emeritierte Professorin für Öffentliches Recht und Völkerrecht Friedrich-Schiller-Universität Jena

Wolfgang S. Heinz, Dr. phil. habil., bis Januar 2019 Senior Policy Adviser am Deutschen Institut für Menschenrechte, zuständig für internationale Sicherheitspolitik, UN-Menschenrechtsschutz und Privatdozent für Politische Wissenschaft an der FU Berlin

Sarah Jäger, Dr. theol., Wissenschaftliche Mitarbeiterin an der Forschungsstätte der Evangelischen Studiengemeinschaft e. V. in Heidelberg

Georg Lohmann, Dr. phil. habil., emeritierter Professor für Praktische Philosophie an der Otto-von-Guericke-Universität Magdeburg und Direktor der Summer-School „The Diversity of Human Rights" am Inter-University Centre Dubrovnik, Kroatien

Stefan Oeter, Dr.iur.utr. habil., Universitätsprofessor für Öffentliches Recht, Europarecht und Völkerrecht und geschäftsführender Direktor des Instituts für internationale Angelegenheiten der Universität Hamburg

The manufacturer's authorised representative in the EU is Springer Nature Customer Service Centre GmbH, Europaplatz 3, 69115 Heidelberg, Germany. If you have any concerns regarding our products, please contact ProductSafety@springernature.com

Printed and bound by CPI Group (UK) Ltd, Croydon, CR0 4YY
23/03/2026
02076460-0001